Topics in Clinical Psychology
for Educated People

教養としての臨床心理学

85

デルタプラス

はじめに

　臨床心理学とは、心の問題を抱える人を支援するために必要な専門的な知識や技法を学ぶ学問領域です。精神分析学や基礎心理学の理論の批判的検討に基づき、行動療法や認知行動療法などの心理療法が誕生しました。また、精神医学の発展は神経症レベルの比較的軽度な精神疾患から、うつ病・双極症や統合失調症などの重度な精神疾患に至るまでの診断基準の策定や治療法の確立に寄与してきました。そうした臨床心理学的アプローチは、実践現場においてクライエントに対して応用されているだけでなく、研究現場においては医療、福祉、教育、産業などの領域で見られる心の問題を研究する上でも大いに活用されています。

　カウンセラーをはじめとする心理職に携わる方は、アセスメント、心理検査、心理療法を実施する上で、臨床心理学の幅広い知識が求められます。ですが、実際に心理臨床の現場に出ると、日々の職務に追われ、大学でせっかく修得した臨床心理学の知識を振り返る余裕がなくなるもの事実です。

　そこで、本書では大学で学ぶ臨床心理学の要点を一冊にまとめ上げました。臨床心理学の主要な専門用語について、大学の教科書に見られる学術的な定義だけでなく、関連知識なども含めてわかりやすく解説しています。現職の心理職の方が臨床心理学の知識をおさらいする上でも有用であることはもちろんのこと、これから公認心理師や臨床心理士をはじめとする各種心理職を目指される大学生・社会人が、受験勉強する上で活用していただける仕様にもなってい

ます。

　本書では、Chap.1の「原理」を通して、臨床心理学の成り立ちから現在に至るまでの発展の遷移を知ることができます。そしてChap.2の「基礎理論」では、支援を行う上で基準となる基本的な概念や理論を説明しています。Chap.3の「心理的アセスメント」では、インテーク面接や心理検査といった場面において、クライエントを理解する上で欠かせない情報を収集する手法を解説しています。Chap.4の「カウンセリング」では、実際にカウンセリングを進めていく上で押さえておくべき技法を挙げています。Chap.5の「心理療法」では、心理支援として代表的な心理療法を紹介しています。Chap.6の「精神疾患」では、心理臨床の現場で扱う可能性のある精神疾患についてまとめています。さらに、Chap.7の「5領域の心理学」には、公認心理師制度に対応し、「保健医療」、「福祉」、「教育」、「司法・犯罪」、「産業・労働」の用語を収録しました。

　本書の制作においては、ＤＳＭ－５だけでなく、最新のＤＳＭ－５－ＴＲやＩＣＤ－１１にも準拠して編集を行いました。今後も最新の診断基準の知見を反映させつつ、改訂の度にアップデートしていく予定です。

　そして、本書の企画意図をご理解いただき、書籍の監修をご快諾くださった、法政大学教授の渡辺弥生先生と、東京情報大学教授の原田恵理子先生のご尽力により、本書の刊行がかないました。この場をお借りして心より感謝を申し上げます。

デルタプラス編集部

本書の構成

　本書では、臨床心理学に関連する85の専門用語を「原理」、「基礎理論」、「心理的アセスメント」、「カウンセリング」、「心理療法」、「精神疾患」、「5領域の心理学」の7つの章に分けて解説しています。

　各ページは専門用語に関する、「解説」、「ワンポイントレッスン」、「覚えておきたいターム」で構成されています。

❶ 「解説」では専門用語の定義や基本知識について図表を交えて説明しています。

❷ 「ワンポイントレッスン」では解説の内容を踏まえて、関連知識を紹介しています。

❸ 「覚えておきたいターム」では用語を説明する上で必須のキーワードを列挙しています。

❹ ページの最後では本文を踏まえたまとめの一文を掲載しています。

CONTENTS

Chap.1 原 理

臨床心理学の歴史と発展をたどる

Chap.2 基礎理論

さまざまな理論の背景を押さえる

Chap.3 心理的アセスメント

クライエントを包括的に理解する

Chap.4 カウンセリング

クライエントに寄り添い共感する

Chap.5 心理療法

心理的問題の解決法を学ぶ

Chap.6 精神疾患

こころの病の原因や対処を知る

Chap.7 5領域の心理学

生活に根ざした分野の心理支援に携わる

Chap.1 原理

臨床心理学の歴史と発展をたどる

01
臨床心理学の成り立ち

解説

　心理学の中には、色々な角度から心を捉える立場があります。大別すると、人の学習、認知、発達などのメカニズムを解明する基礎心理学の立場と、基礎心理学で得られたエビデンスを応用する立場に分けられます。臨床心理学の始まりは、臨床心理学という用語を提唱したウィトマー, L. が1896年にペンシルバニア州立大学に心理学的クリニックを作った時だとされています。その後、20世紀に入るとフロイト, S. が**精神分析**を創始するなど、臨床心理学的な研究や心理療法の実践を専門的に行う人が現れ始めます。戦争によるストレスなどに起因する精神疾患に対する支援が注目されたことも、臨床心理学の研究が進むきっかけとなりました。

　精神分析の他に、学習理論に基づき1920年頃から実践が始まった行動療法と、1940年頃にロジャーズ, C. R. が開発したクライエント中心療法を加えて三大心理療法といいます。**行動療法**は、観察不可能な無意識を重視する精神分析を批判して、観察可能な行動を対象とする心理療法として始まりました。同様に精神分析に対する批判から、無意識ではなく意識可能な認知面を変化させることを目指す**認知療法**が1970年代にベック, A. T. により開発されました。その後、行動と認知との両面に介入することが有効だという認識が高まり、行動療法と認知療法は1980年頃から**認知行動療法**として統合されていきました。**クライエント中心療法**は、精神分析などに

見られるセラピストの権威的な態度を批判し、傾聴とクライエントの自己実現傾向を支えることの重要性を説きました。20世紀は精神分析が心理療法における主流でしたが、次第にエビデンスに基づき客観的に効果を確認できることが重視されるようになり、21世紀に入ってからは特に認知行動療法が注目を集めています。ただし、近年は感情についても着目されています。

ワンポイントレッスン

　各心理療法には個別の技法が存在しますが、ラムバート, M. は、心理療法の効果は、そうした個別要因よりも各心理療法に共通する要因による部分が大きいという考えを示しました。この研究は科学的な根拠に乏しいため結果の解釈には注意を要しますが、心理療法や心理学の介入を行うにあたっては、心理支援者が得意とするもの以外の理論や技法についても理解を深め、自らの行う実践活動がなぜ肯定的な効果を生み出しているのか、他の心理療法との共通要因はあるのかといったことを検討するのは有益でしょう。臨床心理学の実践活動としては、心理的アセスメント、心理療法、地域援助などがありますが、他職種と連携しながら実践に取り組み、それらの研究を行うことで臨床心理学全体の質を高めていくことが重要です。

覚えておきたいターム
☑精神分析　☑行動療法　☑認知療法　☑認知行動療法
☑クライエント中心療法

多様な考え方が臨床心理学を発展させてきた

02

精神分析学

解説

　精神分析学はウィーンで神経科医をしていた**フロイト, S.**により創始されました。**神経症**の治療法を解明する過程で精神分析の理論が作られていったのです。フロイトはヒステリー治療のための催眠を学ぶ過程で、**無意識**の重要さを発見しました。無意識に抑圧された心的外傷が意識化されることで症状が消失することに気づいたフロイトは、**精神分析療法**において、抑圧された無意識を意識化することを重要視するようになりました。自由連想法を用いることで、患者の無意識を出やすくし、抑圧された無意識の意識化を目指したのです。フロイトは患者の自由連想を聞いていく中で、その連想が幼少期にまで遡り、さらに幼児期の性的体験に多く関連していることに気づきました。そこで、性的エネルギーをリビドーとよび、リビドーのあり方に基づき人間の発達段階を5段階に分けた精神性的発達理論を提唱しました。当時のウィーンでは性に関する話題はタブーとされていたこともあり、フロイトの説を受け入れ難いと感じる人も多く、弟子だったユング, C. G.は考え方の違いもあってフロイトから離れていきました。フロイトから離れたユングは、その後新たに**分析心理学**を創始するに至り、フロイトの考えとは異なり、リビドーをより広い精神的エネルギーとして捉えました。

　フロイトの没後、弟子たちにより**自我心理学**や対象関係論が展開されていきました。フロイトの娘のフロイト, A.を中心としたグ

ループは自我心理学派とよばれています。自我心理学派は、フロイトの考え方を引き継いだ上で、児童の精神分析的な治療や母子関係の観察も取り入れるようになりました。この自我心理学に影響を受けたエリクソン, E. H. は、各発達段階に心理社会的危機を想定し、それを克服して発達課題を達成することで、次の発達段階に進めると考えた**ライフサイクル論**を提唱しました。クライン, M. を中心としたグループは**対象関係論**学派とよばれ、現実の対象だけではなく内的な対象との関係性を重視していくようになります。

ワンポイントレッスン

　無意識は私たちの日常生活の中で、日々の言動に大きな影響を与えています。言い間違えや聞き間違えなど、思わずしてしまうようなうっかりミスは失錯行為とよばれます。例えば、自分が大嫌いな運動会で開会の挨拶を任されたとします。そこで「始めます」というところで、間違えて「終わります」と言ったとします。これは内心終わりたいと思っている無意識が思わず出たと精神分析では考えます。このように私たちは、不快な感情を無意識に抑え込んで緩和するため防衛機制という自我を守る手段を用いるとも考えられています。

覚えておきたいターム

☑フロイト, S.　☑神経症　☑無意識　☑精神分析療法
☑分析心理学　☑自我心理学　☑ライフサイクル論　☑対象関係論

不適応の原因は無意識にあり

03
行動主義・認知心理学

解説

　20世紀初頭まで、心理学ではデータを集める方法として、主に内観法が用いられていました。**内観法**は、統制された実験条件下での自己観察によって、主観的体験や意識を言明する方法です。これは自然科学の方法を心理学に適用した手法でしたが、観察できない**意識**という概念を主な対象としているため、心理学の研究は主観性を排除しきれていないとの批判がありました。その後、ワトソン, J. B. は、心理学が科学的な学問であるためには、客観的に観察できる行動を研究対象にすべきだと主張し、**行動主義**を唱えました。

　初期の行動主義の研究では、行動は**刺激と反応**との関係から捉えられ、行動の予測と制御が目的とされていました。その後、環境や、刺激と反応を媒介する生物有機体の内的過程を研究に取り入れた**新行動主義**が台頭し、予期や信念といった認知面にも焦点が当たり始めます。1960年代に入ると、行動ばかりを重視することへの批判的検討がさらに進められます。人の行動を理解するためには認知過程を研究することこそが重要であるという認識が高まり、認知心理学が隆盛しました。**認知心理学**は、人の心的過程を情報処理過程と捉えて、その過程や仕組みを明らかにすることを目指す学問です。認知心理学の知見は、脳画像検査などを用いて脳機能や心的過程の仕組みを解明する、認知神経心理学の発展にも大きく貢献しています。

原理

基礎理論

心理的アセスメント

カウンセリング

心理療法

精神疾患

5領域の心理学

ワンポイントレッスン

　行動主義の基本的な理論である条件づけは、当初は学習心理学において多くの研究が行われましたが、臨床心理学にも応用され、行動療法を生み出しました。古典的条件づけに基づくエクスポージャー法や、オペラント条件づけに基づくトークン・エコノミー法などが代表的な手法です。認知心理学の隆盛と時期を同じくして、ベック, A. は、自動思考や非機能的信念などの認知的概念と行動とのつながりを分析する**認知療法**を提唱します。その後、1980年頃からは、臨床心理学において認知面と行動面との両方を扱うことがより一層重要視されるようになり、行動療法と認知療法は**認知行動療法**として統合されていきます。認知行動療法の1つに、オペラント条件づけの原理を応用した応用行動分析があります。これは、人間の行動は環境との相互作用を通じて学習されるものであるとする理解に基づいて、問題行動の消去と適応行動の獲得を目指す心理療法です。先行刺激、行動、結果の三項随伴性を分析して、合理的な介入方法を検討します。こうした行動主義の理論、認知発達理論や社会的学習理論などを含めた心理学の基礎研究の知見は、臨床心理学の研究や実践にも大いに生かされているのです。

覚えておきたいターム

☑内観法　☑意識　☑行動主義　☑刺激と反応　☑新行動主義
☑認知心理学　☑認知療法　☑認知行動療法

心は行動と認知の両面に表れる

04
人間性心理学

　人間性心理学とは、人間の健康的で肯定的な側面を重視し、人間とは成長への意思を持った主体的な存在であると捉える心理学の1つの立場です。1960年代に、マズロー, A. H. やロジャーズ, C. R. らが中心となり、アメリカにおいて興隆しました。これまでの心理学では、無意識の存在を重視し、人間の病的な側面に焦点を当てたフロイト, S. の精神分析と、客観的に観察できる行動に着目した行動主義が二大勢力とされていました。人間性心理学はこれらに対抗する新しい心理学の潮流として、マズローによって**第三勢力の心理学**と名づけられています。人間性心理学の重要な概念として**自己実現**が挙げられますが、これは自己の内にある可能性を実現し、より成熟した人格へと成長することを意味します。このように人間性心理学の中核には、病理に着目してその原因を過去に求めるあり方よりも、人間がどのように健康的に生きていくかという未来志向的な考え方があります。

　なお、**個人心理学**を創始したアドラー, A. は人間性心理学が興隆した時代よりも前の人物ですが、人間は劣等感を補償し成長へと向かい、主体的に決断し得る存在であるとの考えを持っており、人間性心理学の先駆けとも言われています。

ワンポイントレッスン

　マズローは人の行動の動機を、欠乏状態を満たすために行動を起こそうとする**欠乏動機**と自己の成長を求めようとする**成長動機**の2種類に分け、前者をさらに生理的欲求、安全の欲求、所属と愛情の欲求、自尊と承認の欲求の4段階に分け、合わせて5つの階層として理論化しました。これを**欲求階層説**とよびます。この説では、低次の欲求が満たされるとより上の階層の欲求が生じ、最終的には自己実現へと向かう成長動機が活性化するとされています。他にも、人間性心理学の立場の心理療法としてロジャーズの**クライエント中心療法**が挙げられます。「非指示的カウンセリング」ともよばれており、セラピストは指示や解釈をせずにただクライエントの体験に寄り添い、その内在した力を促進するという態度を取ります。クライエント中心療法には、クライエント自身が自己治癒力を持ち、自己実現への傾向を発揮することができるとする人間性心理学の考え方が強く反映されています。この他にもバーン, E. による交流分析、ジェンドリン, E. T. のフォーカシングなどさまざまな理論や心理療法がありますが、どれも人間の健康的な側面や自己実現傾向を強調した点において、人間性心理学に依拠していると言えるでしょう。

覚えておきたいターム

☑第三勢力の心理学　　☑自己実現　　☑個人心理学　　☑欠乏動機
☑成長動機　　☑欲求階層説　　☑クライエント中心療法

過去にではなく未来に目を向ける

原理

基礎理論　心理的アセスメント　カウンセリング　心理療法　精神疾患　5領域の心理学

05
異常心理学

　異常心理学とは、人の行動や精神の機能に関する何らかの異常について扱う学問です。異常心理学は、人の心の病理の理解という意味において、精神医学とも深い関係にあります。異常心理学や精神医学において、精神疾患に関する基本的で包括的な理論モデルとして、素因ストレスモデルという考え方があります。**素因ストレスモデル**では生物・心理・社会モデルに基づき、心理的問題の発生はその当事者が元々持っている生物学的・心理学的な素質と、社会的・環境的なストレスの相互作用によって生じると考えます。もちろん素質とストレスを明確に区別することの難しさや、素質とは何かを厳密に定義することの難しさなどの課題はあるものの、このモデルは異常心理学において主流な理論的枠組みであると言えるでしょう。

　異常心理学や精神医学は精神の「異常な」状態に関して、その発生や治癒のメカニズムの解明を目指す学問ですが、何をもって人の精神の状態を異常とするかにはさまざまな基準があります。ここではその代表的な４つの基準を紹介します。１つ目は**適応的基準**で、学校や会社などの所属する社会に適応しているかどうかによって異常を判断します。２つ目は**価値的基準**で、道徳観念や法律など、その社会で正しいとされている規範からどの程度逸脱しているかを判断基準とします。３つ目は**統計的基準**で、集団においてより平均に近い状態を正常とし、平均からの偏りが大きい状態を異常と判断し

ます。4つ目は**病理的基準**で、病理学に基づく医学的判断によって健康か疾病かを判断し、疾病であるという診断となれば異常と捉えます。ただし、精神医学において扱う精神疾患はその病因が明らかでないものが多いという特徴があり、ウイルスや身体的損傷などの明確な病因から診断を行う医学的診断とは診断基準が異なります。

ワンポイントレッスン

　現在、精神医学の診断体系で主流となっているのは、客観的に観察できる症状から操作的に分類を行うという方法です。これを**操作的診断基準**とよびますが、それに基づいて体系化された代表的な診断マニュアルとしては、米国精神医学会が出版するDSMや世界保健機関（WHO）のICDが有名です。これらの診断基準が現在の主流であり、世界中である程度の同一の認識のもと当該の疾病の議論が行えるという点で、精神病理学の発展そのものに非常に貢献しています。その一方で、表面的な症状や状態像からの診断によることから、診断に矛盾や重複が生じやすい、単なる障害のラベル貼りに陥りやすいという批判もあり、当事者の理解にあたっては操作的診断基準のみならず、種々の基準や各理論を踏まえながら総合的に診断することが必要であると言われています。

覚えておきたいターム
☑素因ストレスモデル　☑適応的基準　☑価値的基準　☑統計的基準
☑病理的基準　☑操作的診断基準

何をもって精神に異常があるとするのか

06
生物・心理・社会モデル

解説

　かつて健康状態や疾患は、**生物医学モデル**という直線的な考え方に基づいて、検査の数値などの指標から疾患が何であるのかを特定し、原因となるウイルスや細菌といった原因除去を行っていました。しかし、これでは、原因不明の疾患や、ストレスや情動により身体にさまざまな反応が生じる**心身相関**の説明がつきません。そこで、1977年に精神科医エンゲル, G. L. が提唱したのが、「生物・心理・社会モデル」です。人の心理的な問題や病気を、「生物」、「心理」、「社会」という３つの側面から包括的に理解し、効果的な介入を行うというモデルです。この考え方は、ＩＣＦ（国際生活機能分類）やＤＳＭ（精神障害の診断と統計マニュアル）にも共通しており、精神疾患を、個人を取り巻く多面的要因の相互作用によるものであると捉えます。

　生物的要因とは神経、遺伝、ウイルスなどを指し、医師や看護師、薬剤師らによる薬物療法、手術、リハビリなどの治療が行われます。**心理的要因**として、感情、認知、ストレス、対処行動、信念などの個人的な要素が挙げられます。臨床心理士、公認心理師らが心理療法や心理教育などで支援を行います。**社会的要因**として、貧困や雇用などの経済的な状態、人種や文化、相談できる人や公的サービスといった社会資源の有無などが挙げられます。専門家のみならず家族や地域の人々によるソーシャルサポートが支援となり得ます。

ワンポイントレッスン

　生物・心理・社会モデルは現実に即しているため、事例を通して検討してみましょう。27歳女性のＡさんは、入社5年目にして大きなプロジェクトの責任者に抜擢されました。その頃から、出勤中に息苦しさや動悸を感じ、途中下車することも多くなりました。受診した結果、過換気症候群であることがわかりました。まず生物的側面から、息苦しさや動悸の原因を探るため、血液検査や画像診断が行われます。身体に異常がないことが判明すると、心理的側面からの介入が検討されます。カウンセリングからプロジェクトに対する不安や緊張が大きく、日常生活もままならない状態であることがわかります。そして、カウンセリングの内容を受けて、医師から抗不安薬などが処方されることになりました。ただ、そのまま勤務を続けているようでは、クライエントの負担は変わりません。そこで、社会的側面からの働きかけとして、プロジェクトの体制変更を行ったり、勤務の負担を減らすために在宅ワークを導入したりします。

　すべての専門家は互いに連携しあい、患者に変化をもたらすためには円環作用が生じることが望ましいとされます。患者はこうした多面的なアプローチにより支えられ、さまざまな領域での介入や援助を得ることが可能となります。

覚えておきたいターム
☑生物医学モデル　☑心身相関　☑ＩＣＦ　☑ＤＳＭ　☑生物的要因
☑心理的要因　☑社会的要因

病の原因はどこにあるのか

07
エビデンスベイスト・アプローチ

解説

　心理療法を実施する上では、実証的なデータや根拠である**エビデンス**があることが客観的に示されている支援法を用いるのが望ましいとされています。エビデンスに基づいて行う臨床実践のことをエビデンスベイスト・アプローチといいます。クライエントへの支援法は、エビデンスがあり、セラピストが習熟しており、クライエントの価値観や特性に合うものという3つの要素を考慮しながら選択すべきです。セラピストが習熟し、効果があると信じている手法でも、エビデンスがない手法を用いることは望ましくなく、またエビデンスがあるとしてもクライエントが望まない手法を無理強いすることは避けるべきです。エビデンスに基づいて援助することは有益な結果に結びつきやすく、また、なぜその方法を用いるのかという**説明責任**（アカウンタビリティ）を果たすことにもつながります。

ワンポイントレッスン

　エビデンスの質や信頼性は研究分野ごとのガイドラインに示されています。心理学や医学の多くのガイドラインにおいては、複数の**無作為化比較試験**（ＲＣＴ）の結果を統合的に解析した**メタ分析**で効果が示されたものが最も質が高いとされ、次いで質の高い順に、1つ以上のＲＣＴ、非無作為化比較試験、コホート研究や症例対照研究、事例研究を通したものと続き、患者データに基づかない専門

家個人の意見は最も低いとされています。エビデンスに基づくアプローチを選択するにあたって、セラピストには臨床経験のみならず臨床心理学的研究に関する深い知識が求められます。実践と研究を両立し、統合的な臨床活動を行う**科学者−実践家モデル**が、心理職やその教育における目標として掲げられています。

　エビデンスベイスト・アプローチの他にも臨床実践の方法として、ナラティブベイスト・アプローチがあります。この2つは、対立する概念と誤って捉えられることがありますが、**ナラティブベイスト・アプローチ**はエビデンスベイスト・アプローチの3要素のうち、クライエントの価値観を理解することに重点を置いたアプローチだと言えます。話し手であるクライエントと聞き手であるセラピストが対話を通じて共に紡ぎ出す物語であるナラティブを、治療過程に取り入れる手法です。これはクライエントの個別性を重視し、エビデンスベイスト・アプローチと互いに補完し合うアプローチであり、どちらが優れているといったものではありません。アメリカ心理学会は、エビデンスベイスト・アプローチの考えに基づき、エビデンスに基づく心理学的実践（ＥＢＢＰ）のガイドラインを公表しています。この中で、心理学的介入を行う上ではエビデンスを重視すべきであるが、そこに固執せずに各クライエントにとって最も適切な介入方法を選択すべきであると述べられています。

覚えておきたいターム

☑エビデンス　☑説明責任　☑無作為化比較試験　☑メタ分析
☑科学者−実践家モデル　☑ナラティブベイスト・アプローチ

科学的な根拠に基づき、最適な方法を選択する

08
治療効果研究

解説

　治療効果研究とは、心理療法や心理学的介入の有効性を検討する研究のことです。1952年にアイゼンク, H. J. は文献調査を行い、心理療法は神経症に対して効果がなく、むしろ悪化させていると主張しました。しかし、1971年にバーギン, A. E. が同じ文献について調査すると、心理療法は効果があるという結論が導かれました。心理療法の効果をどう捉えるかは立場によっても変わるとはいえ、こうした議論を経て、客観的に心理療法の効果を判定する方法を確立すべきだという認識が徐々に高まり、治療効果研究が進められてきました。

　治療効果研究においては、国際的診断基準であるDSMやICDなどの客観的な基準と、症状評価尺度といった量的指標が用いられます。また、効果の因果関係を確認できる研究デザインに基づいて検討することも重要です。可能であれば、心理療法を行わない対照群と心理療法を行う治療群とに分けて比較する**対照試験**を行うと、より客観的な効果判定ができます。治療効果研究では、評価尺度の得点を用いて「(治療群の平均値－対照群の平均値)÷対照群の標準偏差」という式から**効果量**を算出して結果を判定するため、印象による評価ではなく客観的な評価ができます。効果量がマイナスであれば心理療法によって状態が悪化し、ゼロであれば効果はなく、プラスであれば効果があることを示します。

ワンポイントレッスン

公表されている複数の対照試験の報告について**系統的**レビューを行い、心理療法の効果を統計的に把握する方法としてメタ分析があります。スミス, M. L. とグラス, G. V. が1977年に行った**メタ分析**では、心理療法全体の効果量の平均は0.68％であり、心理療法には十分な効果があると示されました。なお、複数の無作為化比較試験のデータを用いたメタ分析の結果は、最も信頼性が高いとされています。心理療法の効果について積み重ねた知見をまとめたガイドラインは、臨床実践を行う際の指針となります。

メタ分析を行う際に、どの研究をレビューに含めるかによって、分析結果が変わることには注意が必要です。心理療法が奏功した研究ばかり集めれば心理療法が有効であるという知見が示されやすいですが、実際にはうまくいかない事例もあることを無視すべきではありません。

メタ分析によって有効性が示された心理療法であっても、それがすべての人に対して有効であるとは限りません。その心理療法がなぜ効果があるのか、またはなぜ効果がないのか、介入法をどのように修正するとよいのかを検討するときに役立つのが**治療過程研究**です。心理療法の治療過程についての研究では、クライエント中心療法を創始したロジャーズ, C. R. によるものが有名です。ロジャーズは、当時開発されて間もないテープによる録音技術を用いて一つひとつの治療過程を研究し、カウンセラーの態度がセラピーの進展に寄与することを示しました。評価尺度の得点に注目して効果研究を行うことに加えて、なぜその技法が効果を発揮できたのかを治療過程という観点から研究する視点も重要です。

クライエントが抱える問題を解決するためには、さまざまな事例における治療過程を学派にこだわらずに横断的に捉え、折衷的・統

合的に心理療法を研究することが、非常に重要であると言えるでしょう。治療過程研究によってさまざまな心理療法の修正を行い、治療効果研究によってその有効性を実証していくことで、臨床心理学的介入の質が高められていきます。

覚えておきたいターム
☑対照試験　　☑効果量　　☑系統的レビュー　　☑メタ分析　　☑治療過程研究

心理療法の効果の有無を客観的に判断する

Chap.2 基礎理論

まざまな理論の背景を押さえる

09

心理性的発達理論

解説

　精神性的発達理論とは、**フロイト, S.** が性的エネルギーである**リビドー**の所在に基づき、発達段階について述べた理論のことです。フロイトは成人と同様に幼児にもその時期特有の性的エネルギーがあると考え、心的エネルギーをリビドーとよびました。リビドーが各発達段階で適切に満たされ、発散されていないと欲求が鬱積され、人間の性格形成に影響を及ぼすと考えました。リビドーが適切に満たされずにある時点にとどまることを、**固着**といいます。固着点があると、成長してフラストレーションを感じる場面があったときに、発達段階の早期まで**退行**することになります。フロイトはこの発達理論を口唇期、肛門期、男根期、潜伏期、性器期の５段階に分けて考えました。

　第１段階の**口唇期**は、生後〜１歳半頃までの時期を指します。この段階では、口唇の辺りにリビドーが集中していて、主に授乳時の快感によって満たされます。授乳は乳児にとって生命維持のために必要不可欠な行為であると同時に、快感も与える行為と考えられています。

　第２段階の**肛門期**は、およそ１歳半〜３歳頃までの時期を指します。この段階では、排泄時の肛門への刺激によってリビドーが満たされます。そして、肛門括約筋を支配する神経の発達により、徐々に自分の力で大便を貯めたり出したりするコントロールができるよ

うになります。この時期の大きな特徴はトイレットトレーニングという本格的なしつけが始まることです。養育者によるしつけによって、大便を出していいタイミングや場所が制限されます。そのため子どもは自分の出したい気持ちと貯めておきたい気持ちとに折り合いをつけなければならなくなります。

　第3段階の**男根期**は、3歳〜5歳頃までの時期を指します。その大きな特徴は、性器に関心が向くことによって男女の性別を意識するようになることです。そして、**エディプス・コンプレックス**とよばれる葛藤を抱きます。エディプス・コンプレックスとは、男児の場合、異性である母親に対して「自分のものにしたい」と独占したい気持ちが生じることで、同性の父親に敵対心を抱き、父親を排除したいと考えるようになります。一方で、父親のことを尊敬している気持ちもあるため罪悪感を覚えつつも、性器のない女児や母親を見ているので、自分も父親から去勢されてしまうのではないかという報復を恐れる気持ちを同時に抱きます。これを去勢不安とよびます。そのため、男児は母親への気持ちを諦めて父への敵対心を抑圧することで、この葛藤を収めようとします。そして、同性の父親のようになろうと、父親に同一化する道を選びます。父親に同一化することによって、男性的な価値観や態度を獲得していくのです。

　女児の場合には、去勢不安によって葛藤を抑圧することはありません。ユング, C.G. は、女児が父親に愛情を示し、母親を敵対視する感情について、**エレクトラ・コンプレックス**と名づけました。女児にとって母親を完全に敵視することは難しいと言われています。なぜなら、母親は自分を生み育ててくれた存在で幼児にとっては重要な存在だからです。また、母親を敵視して攻撃しようと考えることは女性らしくないので、周囲からよく思われにくいという理由もあります。そのため母に対するこの感情は無意識に抑圧されると考

えられています。

　第4段階はリビドーが抑圧されていることから**潜伏期**と名づけられ、6歳〜12歳頃の児童期に当たります。子どもたちはリビドーの動きに翻弄されることが減り、学校での集団生活を経験することで、規則や役割、人間関係を経験したり、社会生活に必要な知識や技術を習得したりします。そのためこの時期は社会性を身につけるための重要な時期と言えます。

　第5段階の**性器期**は、12歳以降の思春期頃を指します。中学生以降のこの段階では、身体的にも成熟してきて、これまでとは異なり成人と同様に性器性欲に目覚めていきます。同時に、エディプス・コンプレックスなどの幼児期の葛藤が再燃します。これらの葛藤を克服し、性衝動にも適切に対処していくことが求められるのです。

ワンポイントレッスン

　リビドーの発達段階とその固着は性格形成に影響を及ぼしています。口唇期の欲求が適度に満たされなかった場合、口唇期性格という他者に対する依存心が強い性格傾向になります。肛門期の欲求が適度に満たされなかった場合、例えば過度に厳しいしつけを受けるなどすると、頑固、倹約家、几帳面といった性格傾向になります。これを肛門期性格といいます。男根期の欲求が適度に満たされなかった場合は、活発、傲慢、自己顕示的な性格になります。なお、潜伏期や性器期にはリビドーが固着するという考え方はせず、これらの段階に関する性格傾向については特に示されていません。

　また、こうしたリビドーの充足の程度だけでなく、エディプス・コンプレックスの解消の仕方もその後の性格形成や成長に影響を及ぼします。同性の親への同一化を通して性役割を獲得していくため、この道を適切に通れない場合、性同一性の混乱に陥る可能性があり

原理

基礎理論

心理的アセスメント

カウンセリング

心理療法

精神疾患

5領域の心理学

ます。また、エディプス・コンプレックスを適切に解消できなかった場合、神経症の要因にもなると考えられています。この葛藤はいったん、潜伏期で解消されると言われていますが、思春期の性器期になると再燃することもあります。

　リビドーの発達理論は馴染みのない内容も多く一見理解しにくいかもしれませんが、人間の成長や精神病理を考える上では重要な視点とされています。

覚えておきたいターム
☑フロイト, S.　☑リビドー　☑固着　☑退行　☑口唇期
☑肛門期　☑男根期　☑エディプス・コンプレックス
☑エレクトラ・コンプレックス　☑潜伏期　☑性器期

心のエネルギーが満たされるかどうかが重要

10
局所論・構造論

解説

　局所論と構造論は**フロイト, S.**が提唱した心的活動に関する理論のことです。フロイトはいくつものパーツが関連して機能する光学装置のように、心を複数の要素が組み合わさり相互に関連し合って働く**心的装置**と捉えました。

　はじめにフロイトは、人の精神を意識、無意識、前意識の三層で構成されるとする局所論を提唱しました。**意識**とは普段生活の中で自覚している層です。**無意識**とは、普段まったく思い出すことができない、意識できない**抑圧**された層です。**前意識**とは、普段思い出すことはないが、思い出そうとすれば意識できる層です。**心的外傷**となるような体験は意識にあり続けるとつらいため、無意識に抑圧されます。しかし、無理に抑圧し続けると、何らかの症状として形を変えて表れることがあります。

　このようにフロイトは局所論をもとに心について説明していましたが、その後より力動的に心の構造を捉え直した構造論を提唱します。構造論では、イド、超自我、自我を想定しています。**イド**とは本能的な欲動である**リビドー**が貯えられている場所のことです。**超自我**は道徳的な良心、規律、ルールなどに則ってイドを制止しようとします。自我は、イドと超自我の葛藤の調整をします。**自我**には「こんな風に振る舞いたいが（イド）、世の中のルールに反するので（超自我）諦めよう」というように、葛藤に折り合いをつける役割が

原理

基礎理論

心理的アセスメント

カウンセリング

心理療法

精神疾患

5領域の心理学

あります。そのため自我機能は無意識領域から意識領域まで流動的に働いていると考えられています。

ワンポイントレッスン

超自我は、幼少期の親からの教育やしつけなどを通して、してはいけないことやしてよいことの判断基準を取り入れるようになります。はじめは「親が怒るからやめよう」、「親が喜ぶからよい事だ」と親の価値観がそのまま自分の価値観となります。そして、さまざまな経験や人との出会いを通して、多種多様な価値観と出会うことで、自分なりの価値観がだんだんとでき上がっていくのです。

超自我の道徳原則は人によって異なります。ある人にとっては「自由に表現しても問題ない」と思えることでも、別の人は「絶対に表現してはいけないことだ」と制することもあるでしょう。後者のような超自我を持っていると、何でも抑圧しないといけなくなります。すると、抑圧された葛藤が身体症状として表出されたり、精神病理につながったりすることがあります。自我を強化して、イドに貯えられたリビドーを抑圧するばかりではなく、適度に表出することが、バランスの取れた健康的な心の在り方と言えるでしょう。

覚えておきたいターム

☑フロイト, S.　☑心的装置　☑意識　☑無意識　☑抑圧
☑前意識　☑心的外傷　☑イド　☑リビドー　☑超自我　☑自我

自我は心のバランスをとる調整役

11

転移

解説

　転移とは、心理面接が進む過程において、クライエントがセラピストに対して不合理で非現実的な感情を向けることで、フロイト, S. によって発見されたものです。フロイトは過去に重要な他者との間で起きた未解決の葛藤が、現在の心理的な問題につながっていると考えました。そして、転移が生じることで、セラピストとクライエントとの間で幼少期の重要な他者との関係性が再演され、過去のつまずきをセラピストとの間で経験することになると示しました。一方で、**逆転移**とは、その転移を受けてセラピストがクライエントに向けて抱く非合理的な感情のことです。クライエントから向けられる感情によってセラピストにもさまざまな感情が生じることがあります。転移や逆転移は当初、面接を妨げるものとされていましたが、現在では、なぜそれらが起きたのかを洞察することで、クライエントの理解をより深めるものとして捉えられています。

　転移には陽性転移と陰性転移の2種類があります。**陽性転移**とは、好意や尊敬といったクライエントがセラピストに対して抱くポジティブな感情のことです。適度な陽性転移は、セラピストを信頼したり、関係性を維持したりすることに寄与します。一方、**陰性転移**とは憎しみや怒りといったセラピストに向けるネガティブな感情を指します。それは本来クライエント自身が幼少期に養育者に対して

感じていたはずの、抑圧された怒りや悲しみなどの感情であると考えられています。支援の中でクライエントがこの感情に気づき、意識化することが重要とされています。

　面接を継続していくと、抑圧していた無意識の感情を表現したくないという気持ちから、クライエントが面接の妨げになるような言動をすることがあり、これを**抵抗**とよびます。また、抱えている葛藤を言葉で表現するのではなく、行動として表現することを**行動化**といい、例えば面接の遅刻やキャンセルなどがそれに当たります。

ワンポイントレッスン

　抵抗や行動化は転移から生じることもあり、一見、心理面接の進行の妨げになっている印象を受けることでしょう。遅刻やキャンセルが増えては面接が進まない上に、セラピストもよい気分にはならないものです。しかし、これらはすべてクライエントの無意識の欲求や感情、葛藤の表れだと考えられており、抵抗や行動化に隠された無意識の感情を考えることが、クライエントの理解を深める手がかりとなり得ます。抵抗や行動化を「面接の妨害になる」と考えるのではなく、なぜ起きているのかを考えて面接に生かすことで、支援の促進につなげるとよいでしょう。

覚えておきたいターム
☑逆転移　☑陽性転移　☑陰性転移　☑抵抗　☑行動化

> ## 言動の背景にある感情が
> ## 支援を進める手がかりになることがある

12
防衛機制

　防衛機制とは、不安や抑うつ、怒り、罪悪感などの不快な感情に直面した際に、それらを回避したり、弱めたりすることで精神的な安定を保つ心の調節機能のことです。防衛機制の概念の始まりは、精神分析の祖であるフロイト, S. がその精神分析理論の中で「防衛」という言葉を用いたことであるとされています。フロイトは、人の心の構造は、欲求や衝動の直接の充足を求めるイド、それらを監視し、禁止する機能を持つ超自我、そしてこの両者を現実に即して調整し、心を統合する役割を持つ自我、の3つから成ると考えました。これを構造論といいますが、防衛機制はこのうちの自我の働きとして説明されます。そして、フロイトの概念をもとに、初めて防衛機制について整理し体系化したのが娘の**フロイト, A.** です。彼女は防衛機制を、その機能や性質の違いによって分類しました。代表的な防衛機制としては、抑圧、投影、否認、同一視、反動形成、打ち消し、隔離、知性化、合理化、退行、昇華などが挙げられます。また、クライン, M. は乳幼児の精神内界に焦点を当て、より早期の発達段階における防衛機制について明らかにしました。これを**原始的防衛機制**といい、主なものに分裂、投影同一視、原始的理想化などがあります。

　防衛機制は心の健康を保つ上で重要な機能を果たしており、通常はさまざまな防衛機制が現実に即した形で組み合わされ、柔軟に機

能しています。しかし、防衛機制がうまく働かなくなったり、特定の防衛機制のみが過剰に用いられたりすると、病的な症状が現れて不適応状態となると考えられており、特定の防衛機制と特定の精神症状は緊密に関わっていると言われています。

ワンポイントレッスン

　防衛機制の種類は多岐にわたりますが、その中でも代表的な防衛機制を見ていきましょう。

　抑圧は不快な感情、観念、思考などを意識から排除しようとする無意識的な心理的作用です。すべての防衛機制の中で最も基本的なものであり、多くの場合、他の防衛機制と共に用いられます。

　投影は本来自分の心の中にある感情を、他の人に対して認知することを指します。特に憎しみや罪悪感などの自分にとって受け入れがたい感情の場合、抑圧と共に用いられ、無意識に他者にそうした感情を映し出して、他者が自分を憎んでいるなどの形で認知します。

　否認は不快な外的現実を、現実として認知することを拒否することを指します。抑圧と似通ってはいますが、抑圧があくまで内的な欲望や感情を意識から排除するのに対し、否認は現実を知覚していながら、一方でその知覚を拒否することが特徴です。この防衛機制は幼児にはよく見られますが、成人においても頻繁に用いられる場合は、現実を歪めて認識してしまい、不適応状態となります。

　同一視は特定の対象と同じように振舞ったり、同じことを感じたりすることで、その対象を自分の中に取り入れる過程のことを指します。同一視は、例えば幼児が親と同じ振る舞いをすることで成長したり、思春期に憧れの人の真似をすることでアイデンティティの確立に寄与したりと、発達において重要な役割を持っています。

　反動形成は受け入れがたい感情や衝動が、意識や行動において正

原理

基礎理論

心理的アセスメント

カウンセリング

心理療法

精神疾患

5領域の心理学

反対のものに置き換わって表れることを指します。例えば、嫌いな人に対して逆に過度に丁寧に接する、好きな人に対してそっけない態度を取るなどです。反動形成は適応的な防衛機制である一方、過剰になると強迫症状やヒステリー症状にもつながります。

打ち消しは過去の思考や行為に伴う不快な感情を、それとは反対の意味を持つ思考、行動によって、なかったことにしたり、補ったりする心理的作用です。例えば、激しく批判した後に機嫌を取るように接する、などがこれに当たります。反動形成とも似ていますが、反動形成がその人の全体的な態度として表れるのに対し、打ち消しは主に個々の行為、考えに対して生じるという特徴があります。

隔離は反動形成や打ち消しとも関連が深い防衛機制で、思考と感情を切り離す作用があります。感情にとらわれない論理的思考のためにはこの防衛機制が必要ですが、極端になると反動形成や打ち消しを強化し、強迫症状などによる不適応が生じる場合があります。

知性化は隔離と共に作用する防衛機制で、ある感情や欲動を抑えるために、知識の獲得や抽象的思考によってそれらを置き換えることを指します。例えば、病気になって不安なときにその不安を自覚する代わりに、病気に関する知識を得ることに没頭するなどです。青年期には、哲学や政治批判に没頭するといったことがよく見られますが、この時期の性欲や攻撃性の高まりへの反応として、知性化が活発化するのだとも言われています。

合理化は知性化とも関連が深い防衛機制で、葛藤や罪悪感を生むような自分の行為や考えに対し、それらを正当化するような理由づけをすることを指します。例えば、欲しいけれど手に入らないものに対して「必要のないものだから」と考えを修正したりすることが合理化に当たります。知性化が基本的には正常な現実認識のもとに生じるのに対し、合理化は正常な理由づけもあれば、妄想的思考も

含まれるなど、知性化と比べて不安定な防衛であると言えます。

　退行は、現在の発達段階よりも以前の未熟な段階に逆戻りすることをいい、衝動や葛藤が生じない段階に退行することでそれらから身を守る作用があります。退行には病的な水準もあれば、創造的な活動の際に一時的に働く「創造的退行」といわれる健康的な側面もあります。また、心理療法においては「治療的退行」というように、治療の進展にとって一時的な退行という現象が不可欠なものであるという考え方もあります。

　昇華は、防衛機制の中でも適応的な防衛機制とされ、潜在する欲動をそのままの形で充足するのではなく、例えば芸術活動やスポーツといったより社会的な価値や道徳に適合する形で表現することを指します。他の防衛機制とは異なり、本来の欲求は抑圧されずに、むしろ活動へのエネルギーとなって解放されることが特徴です。

　このように、防衛機制にはさまざまな種類がありますが、防衛機制にはより成熟した適応的なものもあれば、より未熟で病的な症状につながりやすいものもあります。そのため心理的援助においても、個人の防衛機制がどのように働いているかをアセスメントすることはとても重要であると考えられています。

覚えておきたいターム
☑フロイト,A.　☑原始的防衛機制　☑抑圧　☑投影　☑否認
☑同一視　☑反動形成　☑打ち消し　☑隔離　☑知性化　☑合理化
☑退行　☑昇華

> 葛藤から自分を守るために無意識に働き
> 心の健康を保とうとする

13
カタルシス

　無意識に**抑圧**されている衝動・欲求・感情、あるいはそれに関する葛藤などを意識化して、言語的または非言語的に表現して発散すると、精神症状や問題行動が消失する現象をカタルシスといい、これは「**除反応**」や「心の浄化作用」とも表現されます。カタルシスは、アリストテレスがギリシャ悲劇を観ると心の中が浄化されるため、観客は悲劇を好むという説明のために用いた言葉に由来します。19世紀末にブロイアー, J. は、フロイト, S. との共著である『ヒステリー研究』の中で**アンナ, O. の症例**を発表し、カタルシスを治療に応用した成果を示しました。このカタルシスという現象は、無意識を意識化し、言語化していくことを治療機序の中心として考える精神分析療法を確立する上で大きなヒントとなりました。アンナは、手足の麻痺や視覚障害などのヒステリー症状のためにブロイアーから治療を受けていました。ブロイアーが往診するとアンナは自己催眠に陥り、心の中の感情、思考、空想を語り終えるといつも元気になったそうです。また、コップから水を飲めないという症状が現れたときは、「嫌いな使用人が犬にコップから水を与えているのを見た」という不快な記憶をたどり、その記憶を話して症状のもとになっていた葛藤を表出すると、その後はコップから水を飲めるようになりました。フロイトはこの事例から、無意識の中に抑圧した感情や記憶を意識化することで症状が消失すると考えたわけです。

原理

基礎理論

心理的アセスメント

カウンセリング

心理療法

精神疾患

5領域の心理学

ワンポイントレッスン

フロイトは精神分析療法を始める前は、**催眠療法**によりクライエントに過去の経験を思い出させるという治療を行っていましたが、催眠療法とカタルシスの効果には共通するものがあると考えました。辛い経験や記憶は意識にのぼるだけで強い苦痛を感じさせるため、無意識に抑圧されます。その抑圧された経験に結びついた感情や葛藤を、あえて表現することが治療的に働くことを見出したのです。しかしその後は、抑圧された経験を語るだけではなく、語った内容の意味をクライエントが洞察する過程が症状の改善にとって重要であると考えるようになり、カタルシスは精神分析療法においてはそれほど重視されなくなります。また、フロイトは、催眠を行ったり、カタルシスを生じさせるために経験を語ってもらったりするという指示的な方法ではなく、その時に思い浮かんだことをクライエントに話してもらう**自由連想法**を基本に据えて、精神分析療法を発展させていきました。

現在では、精神分析療法以外の心理療法、特に遊戯療法や芸術療法といった内的世界の表現を用いた非言語的な心理療法においても、カタルシス効果が生じると考えられています。また、映画やドラマを見て涙を流すことで心のもやもやが晴れることがあるように、日常生活においてもカタルシスの効果が得られることがあります。

覚えておきたいターム
☑抑圧　　☑除反応　　☑アンナ, O. の症例　　☑催眠療法　　☑自由連想法

> # 葛藤を表に出すと心が浄われる

14
対象関係論

　対象関係論とは、フロイト, S. の精神分析の理論をもとにして、イギリスの女性精神分析家、**クライン, M.** が中心となって発展させた精神分析の一理論体系です。対象関係論では，人の発達や精神内界を理解するにあたって「対象」との関係を重視します。ここでいう対象とは、現実的に存在する他者のみならず、人の精神内界に形成される内的な対象のことも指します。また、対象は必ずしも人物とは限らず、例えば母親の腕や乳房、おしゃぶり、毛布など、その個人が五感を通して認識するものも含みます。クラインは幼児への遊戯療法を通して、早期の母子関係の中で形成される対象関係のあり方について洞察を深めました。そしてこれまであまり扱われてこなかった、0歳〜2歳にかけての早期の発達段階における精神内界を描き出すことに成功したのです。

　クラインは対象関係論の発展の起点となった人物ですが、その当時、クラインと同じく児童分析家として活躍したフロイト, A. と激しく対立したことでも有名です。フロイト, A. は精神分析の祖であるフロイト, S. の娘でもあり、その精神分析理論の継承者として自我の防衛機制の概念をまとめ、自我心理学の発展に寄与した人物です。子どもの精神分析のあり方を巡って2人は論争を繰り広げますが、フロイト, A. がエディプス・コンプレックスを経験するまでは親との対象関係は築かれないと主張し、子どもの精神分析はあくま

で教育の補助として考え、子どもの養育環境などにおける実際の対人関係を重視したのに対し、クラインは乳幼児も親との対象関係を構築することができるとし、無意識的な空想があることを認め、その精神内界の分析こそが重要であると考えました。このクラインとフロイト, A. の一大論争は精神分析において個人間の対立だけにとどまらず、多くの精神分析家たちを巻き込んで精神分析理論全体の発展に大きく寄与します。それぞれの立場はクライン派、アンナ・フロイト派とよばれ、両者に属さない中間学派も生まれるなど、ここから多くの精神分析理論の立場が生成されていくこととなります。なお、中間学派としての立場をとる精神分析家としては、ウィニコット, D. W. やフェアバーン, W. R. D. などが挙げられ、いずれもクラインの対象関係論の考えを踏襲しつつ、より発展させていきます。対象関係論はその後イギリスを拠点に発展し、現在では、自我心理学と双璧をなす精神分析理論となっています。

ワンポイントレッスン

　クラインがその実践と研究の中で発達の有り様として示したのが、最早期から見られる妄想分裂ポジションと、生後5ヶ月頃から見られる抑うつポジションです。両者は一方向的な段階としてではなく、行き来をしながら徐々に形成されていくと考えられています。また、この発達論の中でクラインは**原始的防衛機制**という概念を打ち出します。防衛機制はフロイト, A. によって体系化された概念で、基本的に3歳以降の発達段階で見られることを想定していますが、クラインはこれに対して、それ以前の乳幼児期から見られる未熟な防衛機制である原始的防衛機制を見出しました。原始的防衛機制には、分裂、投影性同一視、原始的理想化などが含まれており、先のポジションの概念と密接に絡んでいます。

クラインは、生まれてすぐの乳児は、精神内界と外界の区別がなく、この段階の乳児は母親を一人の人間としては認知せずに母親の乳房や目、口、手などの身体部位を**部分対象**として認識すると考えました。そして、授乳してくれて自分を満足させてくれる乳房を「良い対象」と捉えて愛情を向け、極端に理想的な対象であるという幻想を抱く一方、自分を満足させてくれない乳房を「悪い対象」として憎んで攻撃性を向け、さらにその報復を恐れて迫害的不安を感じます。本当はどちらも同じ母親であるにもかかわらず、この段階では良い対象と悪い対象はあくまで部分対象として認知され、乳児の中ではまったく別個の存在として分裂して体験されます。この状態を**妄想分裂ポジション**といい、この頃の乳児には原始的防衛機制が見られます。例えば、対象を良い部分と悪い部分に分けて捉える**分裂**や、自己の内にある悪い部分を切り離して対象に投影し、その投影したものと自分を同一視することで対象をコントロールしようとする**投影性同一視**が活発に働きます。

　次の段階である**抑うつポジション**では、これまで良い対象と悪い対象という部分対象として分裂していたものが統合され、**全体対象**として認識されます。つまり、それまで幼児にとってまったく別物として認知されていた、自分の欲求を満たす乳房と欲求を満たさない乳房が、母親という一人の人間として認識されるのです。このポジションにおいて、乳児は攻撃性を向けていた対象が実は愛情を向けていた対象と同じ対象であったことに気づき、罪悪感から抑うつ的な気分に陥ります。また、妄想分裂ポジションで見られる分裂や投影性同一視は次第に緩和されていき、愛する対象を失うのではないかという見捨てられ不安を感じるようになります。ここにおいて初めて幼児は自らの攻撃衝動を認識してそれを抑制したり、攻撃した愛情の対象を修復しようと試みたりするようになります。

原理

基礎理論

心理的アセスメント

カウンセリング

心理療法

精神疾患

5 領域の心理学

　クラインのこのような発達早期における内界への洞察は、乳幼児の理解のみにとどまらず、成人におけるさまざまな精神病理の構造の理解や治療に役立っています。原始的防衛機制は成長するにつれて用いられなくなり、代わりに抑圧や反動形成などのより適応的な防衛機制が機能していくのが通常です。しかし、この原始的防衛機制が成人においても活発に用いられると、精神病水準の病態やパーソナリティ症へとつながっていく可能性があります。例えば、対人関係において分裂の防衛機制が用いられると、他者を良い部分も悪い部分も含んだ一人の人間として認識できず、極端に理想化して賞賛したかと思えば、逆に悪い人物として激しく攻撃するなど、非常に不安定な関係となります。また、投影性同一視が強く働いている場合には、自分自身の無自覚な攻撃性を他者に投影し、その投影した対象が自分を攻撃してくるという妄想的な迫害不安から、相手を攻撃してしまうというような事態が生じます。そして結果的に破壊的な対人関係しか持てず、現実生活がままならない状況に陥ります。クライン以後も対象関係論は多くの分析家によって洗練され発展していきますが、その過程でこれまでの精神分析では説明ができなかったボーダーラインパーソナリティ症や自己愛性パーソナリティ症、統合失調症などの内的世界の理解にも貢献していきます。

覚えておきたいターム

☑クライン, M.　　☑原始的防衛機制　　☑部分対象　　☑妄想分裂ポジション
☑分裂　　☑投影性同一視　　☑抑うつポジション　　☑全体対象

> ### 2つの心的状態を揺れ動く心

15

移行対象

解説

　移行対象はイギリスの小児科医である**ウィニコット，D. W.** によって用いられた言葉で、4歳頃までの子どもが、肌身離さず持ち歩く、毛布やぬいぐるみ、人形などの無生物のものを指し、広い範囲においては、動物なども含まれます。主に柔らかくて温かいものが選ばれることからも、母親や乳房の代わりであると言われています。欧米では、6〜7割の子どもに出現しますが、日本では3割程度であり、出現率は文化圏により差があります。

　移行対象が現れる背景には、母親と乳児との関係が前提にあります。ウィニコットによると、臨月から産後間もない母親は、乳児と自己を融合させたかのような状態で、乳児を全面的に保護します。これを原始的没頭といいますが、お腹が空けばミルクを与え、おしめが濡れていれば新しいものに替えてやるなど、乳児のあらゆる要望に母親は応えようとします。一方、乳児はまだ自分と母親とが別個の存在であることが認識できないため、魔術的な思考で自分の欲求が満たされていると**錯覚**しています。乳房は自分のものであり、望むときにいつでも創造することができるという**万能感**があります。そのうち、母親はウィニコットのいう「**ほどよい母親**」になり、常に要望に応じることはできなくなり、失敗もするようになります。乳児は、このように自分の意図に沿わないことをされるうちに、徐々に自分以外の外的存在を認めるようになり、**脱錯覚**へと向かいます。

48

この成長段階における、乳児の内面世界から現実世界への架け橋のような状況を**移行領域**とよびます。この領域で、乳児は母親をはじめとする外界に抱いていた強い幻想から、より現実世界に適した思考へと適応して行きます。移行対象は、乳児が外界に身を置く際の不安を和らげるクッションのような役割を果たしてくれるのです。

ワンポイントレッスン

　移行対象は、幼い子どもにとっては日常に馴染む身近なものと感じられています。スヌーピーに出てくる男の子、ライナスが持っている毛布が有名な例です。また、『クマのプーさん』の登場人物であるクリストファー・ロビンも、彼が9歳の頃に結婚して家を出た乳母の代わりに、プーさんを支えにして、親密な対象との**分離不安**を乗り越えたと言われています。このように子どもの頃を思い返すと、移行対象に当たるぬいぐるみやタオルを大事にしていたという人も中にはいるはずです。仮に子どもがこうしたぬいぐるみなどに執着しても、親は移行対象を取り上げない方がよいとされています。なぜなら、移行対象は持ち主である子どもの不安を処理してくれるものであり、現実の外の世界に慣れていくにつれて、移行対象からも自然と卒業することが多いからです。

覚えておきたいターム
☑ウィニコット, D. W.　☑錯覚　☑万能感　☑ほどよい母親　☑脱錯覚
☑移行領域　☑分離不安

外界の不安を和らげてくれるお守り

原理

基礎理論　心理的アセスメント　カウンセリング　心理療法

精神疾患

5領域の心理学

16

分離・個体化理論

解説

　分離・個体化理論とは、小児科医で児童精神分析家である**マーラー, M. S.** によって提唱された理論です。この理論では、生後５ヶ月から３歳までの乳幼児の発達について、身体的な発達という観点のみならず、精神分析的な観点から乳幼児の内界の発達を描き出しました。特にマーラーは、乳幼児が母親との関係の中で母子一体である共生状態から、どのようにして内界で**自己像と他者像**を分化させていくのか、という過程に着目しました。マーラーによると、乳幼児の発達段階は正常な自閉期（生後０〜１ヶ月）、正常な共生期（生後２〜５ヶ月）、分離・個体化期（生後５〜36ヶ月）に大別されます。分離・個体化期はさらに分化期、練習期、再接近期、対象恒常性の萌芽期の４つの下位段階に分けられます。

　分離・個体化期の前段階にあたる正常な自閉期では、乳幼児は母親を他者として認識せず、あたかも胎児の延長のような状態にあります。この段階では乳幼児は母親と一体であるという幻想を持っており、外界や内界、あるいは自己や他者といった区別がない世界を生きています。その次に、正常な共生期の時期になると、乳幼児は母親という対象をぼんやりと認識するようになり、そして快と不快が二分化します。不快を回避して快を獲得するにあたり母親を欲求充足に不可欠な対象として認識し始めるのです。ただしこの段階においても、乳幼児と母親は共通の境界をもった１つの存在であり、

まだ未分化で融合した状態です。こうした正常な自閉期と正常な共生期は、マーラーがその様相を二者単一体とよんだように乳幼児と母親が一体である時期であり、ここで安心できる体験を蓄積することが、次の段階である分離・個体化の過程の基盤となります。

　この母子一体の時期を経て、分離・個体化の過程が始まります。生後5〜9ヶ月に当たる**分化期**は、神経系統や筋力の発達により、母親への身体的依存が弱まる時期です。首が据わることで周りを見回したり、手足や口を自由に使ったりして周囲を探索することができるようになります。この時期に特徴的なのが、母親の顔を手や目で探索したり、髪や耳を引っ張ったりする行為です。こうした行為は分化の兆候であり、乳児は「母親であるもの」と「母親ではないもの」を区別し始めます。こうして、母親が特定の対象として認識できる8ヶ月頃になると、母親以外の人物に対して**人見知り不安**を呈するようになります。

　次の段階である生後9〜14ヶ月に当たる**練習期**は、乳幼児の身体が飛躍的に発達し、世界が広がる時期です。ハイハイやつかまり立ちの時期を初期練習期、直立歩行が達成されてからの時期を固有の練習期として分けられます。この段階では、乳児が自ら移動する力を得ることにより、母親の元を離れて外界の探索活動を活発に行うようになります。そしてその探索が終わると母親の元に戻り、情緒的なエネルギーを補給してくれる安全基地として母親が機能します。このように、練習期では母親の存在を基盤としながら能動的に外界と関わることで自己像の分化が進み、同時に依存対象としての母親が形成されていくことになります。

　その次に、生後14〜24ヶ月に当たるのが**再接近期**です。この時期になると身体的発達も進み、物理的には母親から自由に離れることができるようになりますが、一方で心理的な分離はまだ難しく、

原理

基礎理論

心理的アセスメント

カウンセリング

心理療法

精神疾患

5領域の心理学

この発達の時間的なずれが強い**分離不安**を喚起します。また、この時期は自他の区別や内界と外界の区別も少しずつついてくるがゆえに、母親との一体感が薄れ、これまで抱いていた万能感も断念せざるを得なくなります。こうした内的状況は**再接近期危機**とよばれ、幼児は無力感や見捨てられ不安に襲われて不安定な状態となります。この時期の幼児は、母親を依存対象として強く求める一方、同時に母親に飲み込まれまいとする自律心の動きも生まれ、両者の間で強い葛藤が生じます。母親につきまとったかと思うと、些細なことで癇癪（かんしゃく）を起こして走り去る、などの行動が見られるのもこの時期です。幼児は母親に近づいたり離れたりを試み、そして母親も幼児に対して程よく情緒的な応答を続けることで、適切な心理的距離を見出していきます。

　最後の段階である**対象恒常性の萌芽期**は24〜36ヶ月の時期に当たり、言語能力や現実検討力などのさまざまな機能が発達します。そして自分自身の内界と外界がしっかりと区別されるようになり、自己像と他者像の分化が徐々に達成されます。こうした精神内界の発達と共に、幼児は母親という愛着対象をたとえ実際には母親が不在であっても、心の中のイメージとして持つことができるようになります。このように、対象を心の中に永続的に留めておける**対象恒常性**を獲得することで、幼児は情緒的に安定して母親からようやく離れることができるようになるのです。この段階において、母親との分離と個体化はいったん達成され、心理的誕生を遂げるとマーラーは述べています。

ワンポイントレッスン

　分離・個体化理論は病理の構造に着目したものではなく、一般的な乳幼児の精神発達について描き出した理論ですが、これを礎とし

てその後成人の精神病理の理解にも貢献しました。その中でも特に有名なのは、カーンバーグ, O. らによる境界例の精神病理モデルで、境界例の中核的な病理が再接近期の課題にあると考えました。乳幼児が母親との共生を脱して自他の区別を育み、最終的には安定した対象のイメージを内在化することを達成するには、各段階において母親が適切な情緒的応答をすることが必要になります。しかし、再接近期において母親が子どもの自立に否定的な反応を示したり、応答が顕著に欠如したりすると、見捨てられ不安が喚起されたり、その不安の解消のために自分自身の葛藤を直接、依存対象にぶつけたりするといった行動が、その後も発現することになります。カーンバーグらは、こうした問題が境界例の精神病理の根幹にあると考え、その治療方法についても提示しました。分離・個体化理論はこのように乳幼児の発達に関する知見のみならず、成人の精神病理の機序や治療の道筋にも多くの示唆を与えたという点で、大きな功績を残したと言えるでしょう。

覚えておきたいターム

☑マーラー , M. S.　☑自己像と他者像　☑分化期　☑人見知り不安
☑練習期　☑再接近期　☑分離不安　☑再接近期危機
☑対象恒常性の萌芽期　☑対象恒常性

母親との一体感から脱し
自己と他者を区別していく

17

対象喪失

解説

　対象喪失とは、かけがえのない存在を失う体験のことをいいます。その対象は、近親者や恋人などの現実に存在する人物だけではなく、空想上の自己像や恋人像、役割、住み慣れた環境、健康や若さなども含まれます。それらを喪失する際、個体は危機にさらされ、不安や自責の念、悲しみなどの**悲嘆**に襲われます。対象との情緒的結びつき、愛着が強いほど、別れはつらくて悲しい体験となります。

　フロイト, S. は対象を喪失した結果生じる心理過程を**喪の作業**とよび、対象の追想に没頭し、対象を内面に再建する作業と定義しました。その際に、失われた対象を思い慕って慈しむ愛情と、後悔や怒りから生じる憎しみとの**両価的感情**が発現することに注目しました。フロイトは対象喪失反応からの回復までに必要な期間として1～2年ほどかかるとしましたが、予期される範囲を超えて悲嘆の症状が強く、それが12ヶ月以上続き、日常生活に支障をきたす場合は**遷延性悲嘆症**（複雑性悲嘆）とされ、喪失に対する悲嘆への心理的支援である**グリーフセラピー**などが必要となります。

ワンポイントレッスン

　対象を喪失した後の世界に適応し、生きていくために取り組むべき課題として、**ウォーデン, W.** は次の4つを挙げました。1つ目は、対象を喪失したという事実の受容です。葬儀などの行事も喪失を認

識させ受容を促すとされています。2つ目は苦痛の経験です。喪失に伴う痛みを十分に味わうことが重要で、故人を思い出すことを避けたり、感情を押さえつけたりすると、後になって悲嘆のぶり返しが生じやすいと言われています。3つ目は新たな環境への適応です。例えば、故人が果たしていた役割を、遺された者が代わりに担うことを通して、アイデンティティの再形成が求められることもあります。4つ目に、気持ちの中で故人を位置づけし直し、新たな人生を続けることです。故人との関わりを心の中に持ち続け、人生に改めて喜びを見出していきます。これらは、すべて取り組まなければならないわけでも、順序だって生じるものでもありません。キューブラー・ロス, E. も、愛する人を亡くした際にたどる心理的過程として**死の受容モデル**を述べました。否認、怒り、取引、抑うつ、受容の5段階から成り立つ喪失への心理プロセスですが、これらもまたすべてを経験するとは限らず、順序も期間も個人差があります。

　また、目に見える死別や絶縁などの形ではなく、個人の心の中で対象が失われる内的な対象喪失の場合、喪失体験が外からはわかりにくいものです。そのため、まずは本人の様子の変化に周囲が気づき、喪失感に寄り添うことが助けとなり得るのです。

覚えておきたいターム
☑悲嘆　☑喪の作業　☑両価的感情　☑遷延性悲嘆症
☑グリーフセラピー　☑ウォーデン, W.　☑死の受容モデル

> # 遺された者は喪の作業を経て
> # 悲嘆を乗り越えていく

18
ピアジェの認知発達理論

解説

　ピアジェ，J. は、認知的発達の面から個人の成長過程についての理解を深めていきました。各人が持つ**シェマ**という知識や行動の枠組みを通し、外界を認識するという理論に基づいて**発達段階説**を唱えました。シェマは、個人と環境との相互作用を経て構成されますが、そのステップとして、同化、調節、均衡化が挙げられます。**同化**とは、新奇の経験を自らのシェマに取り入れ、理解していくことです。**調節**とは、新奇の経験について元々のシェマを変容・修正することで、外界に適応していくことです。そして、同化と調節を繰り返す**均衡化**を行うことで、より高度なシェマを獲得したり、シェマの安定を図ったりします。例えば、動物園でパンダを夢中になって見ている幼児が、「あれはパンダよ」と教えられたとします。幼児は、「黒と白の、四足歩行する、大きな動物」はパンダであると認識します。これが同化に当たります。次にウシを見たとします。これも、幼児のシェマを通せば「パンダ」になり得ます。しかし、実際にはウシなので、今度は「ウシ」と教えられます。すると、「黒と白の、四足歩行する、大きな動物」はパンダだけではないことを知ります。これが調節であり、新たな知識を取り入れていく段階です。同化と調節をさまざまな対象で繰り返していくことで、シェマの均衡化が行われ、同じような特徴を持つさまざまな動物がいることを理解できるようになるのです。

ピアジェはこの子ども独自のシェマの発達に注目し、年齢に応じて4段階に分類しました。

感覚運動期は0〜2歳頃を指し、物を見たり、触ったりする感覚と運動技能とを用いて外界の事象をシェマに取り入れます。新生児には、音などの特定の刺激に対する反射的行動が見られますが、これらは環境への適応を促す役割を果たしていると言われています。後に、身体を自由に動かすことができるようになると、環境に自ら働きかけ、外界に対する理解を深めていきます。例えば、机の上から何度もおもちゃを落としては、その度に誰かに拾ってもらう、といった繰り返しの行動を特徴とする**循環反応**が挙げられます。このとき、握っている手を開いたら物が落ちた、といった感覚を通して、自分の行為が外界にもたらす影響に関心が芽生えます。また、落としても物が自分のもとに戻ってくる、といった簡単な予測も可能になります。もし、目の前からおもちゃなどの対象が消えたとしても、それがどこかで存在し続けているという**対象の永続性**に関する理解が深まるのもこの時期です。

前操作期は2〜6歳頃を指し、さらにピアジェは、前操作期の前半部分を概念的思考が安定していない前概念的思考段階、後半部分を概念化が進み物事を分類したり、関連づけたりすることが進展する直感的思考段階に分けました。前操作期では、頭の中に物事のイメージや知識などを多少蓄えられるようになり、言語を用いて物事を考える能力が身につきます。たとえば、「ラーメン食べる？」と聞かれたとき、目の前にラーメンがなくとも、イメージをすることができるようになります。反面、この時期の子どもは、自分を世界の中心に置き、他者が自分と異なる見方をし得ることに気づいていません。これを**自己中心性**といい、「自分が好きなラーメンを、お母さんも食べたいはずだ」と思い込む傾向などからも示されます。また、

この時期の子どもは、対象の形態が変化しても、重さや数、量は変わらないという**保存**の概念を獲得できていません。底面が広くて高さの低い容器から、底面が狭くて高さがある容器へと中身の水が移されたとき、容器の高さだけを見て、高さのある容器の方が水量が多い、と勘違いすることが明らかになっています。保存の概念は、次の具体的操作期で獲得されます。

　具体的操作期は6〜12歳頃を指し、この頃までに子どもたちは、他者や環境とのやりとりを通して多様な知識を身につけます。それまでに得た知識を関連づけながら、実際に物に触れずとも、論理的思考を用いることができるようになります。目の前に対象がなくとも、それを内面化したイメージの中で持ち上げたり、回転させたりする**心的操作**が可能となります。ただし、まだ抽象的な概念の理解は発達しておらず、論理的思考の対象は自らの経験が基盤となるため、対象となるものが今まで扱ったことがないような膨大な量であったりすれば、正確に捉えることは難しくなります。この時期になると、物事を他者の視点からも眺められるようになり、**脱中心化**が認められます。

　形式的操作期は12歳以降を指し、より抽象的な思考が可能になり、世界に対する幅広い見方が可能になります。仮説を立て、それを検証することで、物事に対する理解を深めるといった、大人に近い思考形式を持つようになるのです。

　これら4つの発達段階に基づく説には現代では批判も出ており、一部は修正を余儀なくされています。能力が適切に発揮されるためには、ある程度の環境や訓練が必要となることが指摘されており、年齢を超えても課題に困難を示す者、一方で各段階の年齢に達していなくとも、先々の概念を獲得している者もいます。

原理

基礎理論

心理的アセスメント

カウンセリング

心理療法

精神疾患

5領域の心理学

ワンポイントレッスン

　ピエジェの認知発達理論とあわせて、乳幼児期の認知的枠組みを捉える上で重要な心の理論についても確認しておきましょう。**心の理論**とは、子どもが他者の気持ちを推し量り、相手の心の状態を理解することをいいます。心の理論を確かめるためのサリーとアン課題 (誤信念課題) では、以下のやりとりが子どもたちに呈示されます。まず、サリーが部屋でカゴにビー玉を入れた後、外に遊びに行きます。サリーが外で遊んでいる間、アンがカゴからビー玉を取り出し、自分の箱に移動させます。被験児には、「サリーは遊びから戻ったとき、どこを探すかな?」と尋ねます。この課題は、多くは4歳頃までに「カゴ」と正しく答えられるようになると示唆されています。加えて、この課題は、ごっこ遊びが苦手であったり、相手の考えを読み取ることが不得手だったりする自閉症児にとっては、対応する発達段階の年齢に達していても正答することが難しいとされています。

覚えておきたいターム

☑ピアジェ, J.　☑シェマ　☑発達段階説　☑同化　☑調節　☑均衡化
☑感覚運動期　☑循環反応　☑対象の永続性　☑前操作期　☑自己中心性
☑保存　☑具体的操作期　☑心的操作　☑脱中心化　☑形式的操作期
☑心の理論

経験を取り入れ修正することで認知は発達する

19
レジリエンス

　レジリエンスとは、**弾力性**、回復力、耐久性、元の状態に戻る力や性質といった意味を持つ言葉であり、感情的苦痛に対する感受性の強さを意味する**脆弱性**の反対の概念です。元々はストレスと同じく物理学の用語でしたが、困難な状況を経験して傷ついても立ち直る力強さという意味で、心理学でも使われるようになりました。大きな事故や災害といった外傷的な出来事を経験した人には、慢性的な抑うつなどが生じる場合もありますが、必ずしも全員が不適応状態に陥るわけではありません。そうした逆境に負けない人たちに共通する特性を表す概念として、レジリエンスが注目されています。

　私たちの日常を脅かすような要因は**危険因子**とよばれ、危機や困難から回復するためのレジリエンスを高める要因は**保護因子**とよばれます。保護因子には、パーソナリティなどの個人要因や、サポートしてくれる人などの環境要因が含まれます。また、レジリエンスは、身体的健康、楽観性、社交性といった**資質的レジリエンス**要因と、問題解決志向、自己理解、他者心理の理解といった**獲得的レジリエンス**要因に分類でき、後者は後天的に身につきやすい特性であると言われています。

　レジリエンスの類似概念にハーディネスがあります。レジリエンスが不適応状態から立ち直るしなやかな力を示す概念である一方で、**ハーディネス**は困難な状況でも傷つかない頑健性を示す概念とされ

ており、レジリエンスを高める要因の1つと考えられています。

ワンポイントレッスン

事故や災害といった心的外傷体験を乗り越えることに限らず、レジリエンスは、日常生活を円滑に送ることにも役立つ力です。例えば、学校生活では授業と部活を両立させる、苦手な同級生や教員とも付き合っていくなど、日々の課題が意外と多くあるものです。そうした日々を、毎日やることが多くて大変だと感じる人もいる一方で、課題をクリアしていく楽しみがあると感じる人もいます。その両者を分ける要因の1つがレジリエンスです。レジリエンスが高い人の特徴として、ハーディネス、問題解決や感情調整をする能力、コミュニケーション能力が高いこと、肯定的未来を志向する傾向などが挙げられます。これらの特徴を踏まえると、忍耐強く問題解決に取り組み、感情に翻弄されず、適切に周囲の人の力を借りつつ、現在の経験が将来にどう役立つのかをイメージしながら学校生活を送れる人は、困難が生じても比較的上手く乗り越えることができそうです。上記の特徴をすべて備えている人は多くはないかもしれませんが、後天的に身につきやすい獲得的レジリエンス要因を高めることを意識すると、日常をより豊かにすることにつながるでしょう。

覚えておきたいターム

☑弾力性　☑脆弱性　☑危険因子　☑保護因子　☑資質的レジリエンス
☑獲得的レジリエンス　☑ハーディネス

傷ついても立ち直るしなやかな強さ

20
ポジティブ心理学

解説

　ポジティブ心理学とは、人の強さや徳といった心のポジティブな側面に注目し、幸福とよぶ状態に達しやすい心のあり方やその状態に至る条件や方法を科学的に実証する心理学の一領域です。人間の幸福について、哲学や宗教では長らく論じられてきたものの、精神分析や行動主義といった従来の心理学では、心のネガティブな側面やその治療に関心が集中し、あまり扱われてきませんでした。その後、人間の心理的な健康や成長、自己実現などの概念を扱う人間性心理学が登場しました。そしてその流れを受けて、1998年のアメリカ心理学会の広報誌の記事で、**セリグマン, M. E. P.** が心理学の理論の多くが人のポジティブな側面を軽視してきたこと、そして人の強さや美徳に目を向けることが重要であることを主張しました。これがポジティブ心理学の始まりとされています。

　ポジティブ心理学というと、ポジティブシンキングを推奨する、ポジティブな側面のみに目を向けるといった誤解が生じやすいですが、実際はポジティブとネガティブの両側面にバランスよく視点を向けつつ、人や社会への貢献を重視した科学的で応用志向の強い研究分野です。研究テーマは主に、主観的経験に関するレベル、個人特性や認知に関するレベル、公共的な制度に関するレベルの３つに分類され、これらはすべて人間の身体的、精神的、社会的に良好な状態を意味する**ウェルビーイング**と深く関係しています。ポジティ

ブ心理学によって、人々が一時的ではなく持続的な良好状態を得られるための理論や応用的な実践方法が誕生しており、ウェルビーイングは理想や目標ではなく具現化したものになりつつあります。

ワンポイントレッスン

　セリグマンは観察不可能なウェルビーイングという構成概念について、いくつかの寄与する要素を測定することによって、その全体像を捉えようとしました。ウェルビーイングの測定要素としては、喜び、感謝、希望といった「ポジティブ感情 (Positive emotion)」、無我夢中で活動に集中する「没頭・没入 (Engagement)」、人との付き合いが豊かで楽しめている「人間関係 (Relationship)」、生きる意味や目的の追求を意味する「意味・意義 (Meaning)」、何らかの目標を自らの力で成し遂げる「達成 (Accomplishment)」の5つを挙げています。セリグマンは、個人の強みを生かした上でこれら5つの要素を高め、また各要素が相互に関連し合いながら全体としてウェルビーイングを増大させていくことで、ポジティブ心理学の目標である持続的幸福や繁栄を実現できるとしています。ウェルビーイングを高める5つの要素はそれぞれの英文字の頭文字をとって、ＰＥＲＭＡ（パーマ）とよばれています。

覚えておきたいターム
☑セリグマン, M. E. P.　　☑ウェルビーイング　　☑ＰＥＲＭＡ

個人の強みを生かすことが幸福への一歩

21
バーンアウト

　バーンアウトとは、今まで熱心に仕事に取り組んでいた人が、**心身の極度の疲労**によってあたかも燃え尽きたかのように意欲を失い、社会への適応が困難な状態に陥ることであり、日本では「**燃え尽き症候群**」ともよばれています。元々は看護師、介護士、教師などの対人援助職の現場で注目が集まり広まった概念ですが、現在では職種にかかわらず、職場での持続性のある深刻なストレス反応として幅広く捉えられています。バーンアウトは責任感が強くて他者と深く関わろうとする姿勢の人や、高い理想を持ってひたむきに仕事に取り組んでいる人などに起こりやすいのが特徴です。頑張っても成果が見えにくかったり、切迫感のある環境が慢性的に持続したりすると、やがて**情緒的消耗感**が生じ、仕事や人に向き合うエネルギーが無くなってしまいます。その結果、今まで高い水準で仕事をしていた人が思いやりのない事務的な対応や攻撃的な態度を取ってしまう**脱人格化**が見られるようになります。消耗している本人も周囲も今までとの落差を認識するため、**個人的達成感の低下**が著しくなり、それがさらに消耗感を生み出すという悪循環が生じてしまうのです。そして、朝起きられない、仕事に行きたくない、酒量が増える、人との関わりを避けるといったことが目立つようになり、適切な支援を得られない場合は離職や精神疾患へとつながっていく可能性があります。また、バーンアウトは個人の問題だけでなく、職場におけ

る対人トラブルなどを通して他の社員にも波及する、家庭生活にも否定的な影響を及ぼす、といった指摘もあります。そのため、産業・労働領域において重要視され、その予防に注目が集まっています。

ワンポイントレッスン

　バーンアウトの予防として近年、注目を集めているのがワーク・エンゲイジメントという概念です。**ワーク・エンゲイジメント**とは、バーンアウトの対極に位置し、働いている人が仕事に熱意を持ち積極的で充実した心理状態のことです。一時的ではなく、持続的に仕事に対してポジティブな認知や態度を保てることが重要とされ、ワーク・エンゲイジメントを高めるためにさまざまな方法が提案されています。例えば、業務効率化、適切な評価や人事配置、柔軟な働き方の体制作り、部下が主体となり上司と一対一で自由に話をする1 on 1（ワンオンワン）、個人の強みやモチベーションを見つめ直して仕事に対する捉え方を変えていくジョブ・クラフティングなどが挙げられます。このようなワーク・エンゲイジメントを高める取り組みを行うことで、従業員のメンタルヘルスの改善、離職率の低下だけでなく、仕事におけるパフォーマンスの向上やそれに伴う顧客満足度の上昇にも寄与すると考えられています。

覚えておきたいターム

☑心身の極度の疲労　　☑燃え尽き症候群　　☑情緒的消耗感　　☑脱人格化
☑個人的達成感の低下　　☑ワーク・エンゲイジメント

> # 燃え尽きてしまわないように
> # ワーク・エンゲイジメントを高める

原理

基礎理論

心理的アセスメント　カウンセリング

心理療法

精神疾患

5領域の心理学

22
集合的無意識

解説

　集合的無意識とは、**分析心理学を打ち立てたユング, C. G.** が提唱した概念で、**普遍的無意識**とも訳されます。ユングは、人の心の構造を意識と無意識に大別しました。そして、その無意識の領域を層に分けて捉え、個人の生活や体験に基づく無意識を**個人的無意識**とよび、それよりも深い次元の人間に共通の無意識を集合的無意識とよんだのです。

　さて、無意識の概念についての研究で有名なのが精神分析の祖であるフロイト, S. です。フロイトとユングは無意識の探求を巡って一時期意気投合して共に活動しますが、その後両者は学説の違いによって対立し決別することになります。その考え方の大きな違いの１つが集合的無意識という概念です。フロイトは、無意識をかつて意識されていたものが何らかの理由で抑圧されて意識されなくなったものと捉え、さまざまな精神症状の原因は幼少期の体験が抑圧され、無意識化されたものにあると考えました。これがユングのいう個人的無意識に当たる部分ですが、ユングはさらに、こうした個人を超えて存在する心的イメージとして、文化や時代を超えた普遍的な無意識が存在すると主張しました。

　ユングが集合的無意識を見出した背景としては、フロイトがヒステリーなどの神経症の患者の治療を主にしていたのに対し、ユングが統合失調症の患者に関わることが多かったことが挙げられます。

ユングは、統合失調症患者の幻覚や妄想を研究する中で、それらの内容に、世界中の神話や夢、昔話などに共通するパターンやテーマがあることを発見しました。これらは、先の幼少期における体験の抑圧といった考え方では説明がつかず、ここからユングは個人を超えた人類共通の潜在的なイメージが存在していると考えるに至ったのです。

ワンポイントレッスン

　ユングは集合的無意識の具体的な内容のことを**元型**とよび、集合的無意識が想定しているある種の共通のパターンを生み出す、元の型として考えました。元型は無意識的なものであるので、その存在を直接認知することはできませんが、それらが外界の事物に投影され、ある種のイメージとして現れることがあります。元型が投影された外界の事物を象徴といい、この象徴を通して元型の内容を類推することができます。代表的な元型として、グレートマザー（太母）、老賢人、ペルソナ、シャドウ（影）、アニマ、アニムスなどがあります。

　グレートマザーとは、母なるものの元型と言われ、個人の母子関係を超えた母性を指します。グレートマザーには、子どもを保護し育てる肯定的な側面の一方、子どもを抱え込み自立を妨げる、すべてを呑み込み死に至らしめる、といった否定的な面もあります。こうしたグレートマザーの象徴は、例えば女神や妖精といったものから継母、山姥、古代の偶像などに見出すことができます。

　老賢人とは、知恵や道徳性、理性などの意味を持ち、グレートマザーと対比的に父親元型とよばれることもあります。その象徴としては、例えば仙人や卓越した師など、物語において登場人物を導くような人物として表れます。

　ペルソナは、ラテン語で「仮面」を意味し、外的環境に適応する

ために各人が身につけている態度を意味します。これには、男らしさや女らしさといった性に関するものや、教師や警察、など社会的地位なども含まれます。ペルソナは象徴としては人物として表れることは少なく、夢の中では衣服や殻、皮などとして象徴化されます。

シャドウとは、自我像にそぐわずに抑圧された側面であり、その人にとって認めがたい、否定的な生き方や考え方などの心的内容を指します。シャドウには個人的無意識と集合的無意識の両方の層が含まれていますが、集合的無意識のイメージとしては鬼や化け物、悪魔といった多くの人々に悪として感じられるものとして表れます。

ペルソナが外界への適応としての態度とすると、アニマ・アニムスは内界への態度として表れる元型となります。**アニマ**は男性にとっての内的な女性像、**アニムス**は女性にとっての内的な男性像という意味を持ちます。これらは夢の中などで異性像として象徴的に表れるとされていて、ペルソナと相補的な関係にあると言われています。例えば男性の場合、外的には力強く論理的であることが求められ、そのような態度を取っていても内的には弱々しく非論理的な面を持っている、というように、ペルソナに排斥された面がアニマ・アニムスになると考えられています。

覚えておきたいターム

☑分析心理学　☑ユング, C. G.　☑普遍的無意識　☑個人的無意識
☑元型　☑グレートマザー　☑老賢人　☑ペルソナ　☑シャドウ
☑アニマ　☑アニムス

人の深層に潜む普遍的なイメージ

Chap.3 心理的アセスメント

クライエントを包括的に理解する

23
アセスメント

解説

　アセスメントとは、クライエントのパーソナリティや環境などに関する**情報を収集してデータを統合**することによって、クライエントの全体像を見立て理解することです。アセスメントに基づいて支援方針を考えるため、多角的な視点からデータを収集し、**包括的な解釈**をすることが求められます。

　データを収集するには、主に臨床面接、行動観察、質問紙法、心理検査という方法があります。**臨床面接**とはクライエントと対面し、言葉でのやり取りを中心として情報を収集することです。クライエントが何に困っていて、何を望んでいるのかという主訴や、生育歴、既往歴、家族環境や経済的状況などの情報を共有していきます。**行動観察**ではクライエントを観察することによって情報を収集します。クライエントの表情や視線、態度といった非言語的な情報はクライエントの行動特徴を理解する手がかりとなり得ます。サリバン, H. S.は**関与しながらの観察**という概念を提唱しました。実際に対象者と一緒に行動し、関わりを持つことで、カウンセラーの言動はクライエントに少なからず影響を及ぼします。したがって、クライエントとの関係性や、取り巻く人間関係の影響を考慮に入れて行動を観察することが重要であるとサリバンは説いたのです。質問紙法を含む**心理検査**では、さまざまな検査を単体または**テスト・バッテリー**として組み合わせて実施し、クライエントの特徴を捉えます。

原理

基礎理論

心理的アセスメント

カウンセリング

心理療法

精神疾患

5領域の心理学

　以上のような方法を組み合わせてアセスメントを行い、支援計画を立てていきます。しかし、必ずしも初めに立てた支援計画が正しいとは限らず、クライエントの心理状態も変化していくものです。したがって、支援する中で必要に応じて、繰り返し修正を重ねていくことになります。

ワンポイントレッスン

　心理的なアセスメントと、医師による医学的診断は異なるものです。医師による診断は症状に基づいて行われますので、クライエントの病理的な側面に主に着目します。心理的なアセスメントでは病理的な側面に限らず、クライエントの健康的な側面にも着目し、パーソナリティやスキルなどを総合的に理解します。例えば、些細なことでも心配になる性格は、細やかな気遣いができる性格でもあると捉え直したり、抑うつ的になるときがあっても気持ちを切り替えて毎日仕事ができているところを評価したりします。その他には、クライエントが支援を求めて自発的に相談機関を訪れたとしたら、それ自体が適切な援助要請の力を発揮できたと見立てることもできます。このように、その人の資質や資源のポジティブな側面にも目を向けることが、支援計画の立案に寄与することがあります。

覚えておきたいターム
☑情報の収集とデータの統合　☑包括的な解釈　☑臨床面接　☑行動観察
☑関与しながらの観察　☑心理検査　☑テスト・バッテリー

病理的な側面だけでなく健康的な側面も理解する

24

ケース・フォーミュレーション

解説

　ケース・フォーミュレーションとは、生物・心理・社会モデルに基づき、アセスメントで収集されたデータから、クライエントの抱える問題がいつ生じて、どう変化し、なぜ現在も維持されているのかを明らかにし、適切なアプローチとその有効性についての作業仮説を立てる工程のことで、「**事例定式化**」ともよばれます。心理アセスメントと同義のような印象も受けますが、心理アセスメントがクライエントの情報を収集して分析することに力点が置かれているのに対して、ケース・フォーミュレーションは、クライエントの問題に関する**仮説形成**と**仮説検証**に力点が置かれます。ケース・フォーミュレーションは、個人の心理やその背景を理解するためのものです。そのため、「一般的にこの病気にはこの治療がよい」という考えではなく、あくまで個人に特化した仮説を立て、その仮説に基づいてクライエントに応じた治療方針を立てることになります。

　ケース・フォーミュレーションは学派を問わず行われるものですが、特に**認知行動療法**ではケース・フォーミュレーションに基づく介入が重視されます。ケース・フォーミュレーションは、例えば以下の手順で行われます。まず、問題の明確化をして特定します。次に、これまで得られた情報から仮説を探索します。さらに、具体的な介入法を考えるためには機能分析が役立ちます。**機能分析**は行動分析ともいい、刺激と行動と結果との間の随伴性を明らかにすることで

す。その際に、問題行動や歪んだ認知が見られたならば、それらを修正すればよいと単純に考えるのではなく、当該の行動や認知の肯定的な機能も理解し、それらが維持されているメカニズムを多元的に分析することが重要です。そして最後に、ここまでで得られた情報を整理し、定式化します。こうして完成されたケース・フォーミュレーションに基づいて介入を行い、その結果を評価し、必要に応じて介入法の修正をすることになります。

ケース・フォーミュレーションの手順

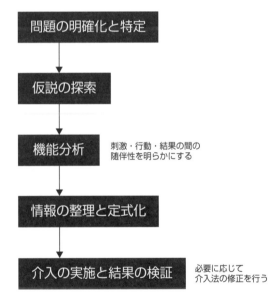

問題の明確化と特定

↓

仮説の探索

↓

機能分析　　刺激・行動・結果の間の
　　　　　　随伴性を明らかにする

↓

情報の整理と定式化

↓

介入の実施と結果の検証　　必要に応じて
　　　　　　　　　　　　　介入法の修正を行う

原　理

基礎理論

心理的アセスメント

カウンセリング

心理療法

精神疾患

5領域の心理学

　具体例を交えてケース・フォーミュレーションを見ていきましょう。中学生のＡさんは「学校に行くことが辛い」と話しています。そこで心理士は具体的にＡさんの辛さについて話を聞くと、学校での勉強や友人関係には問題がないと言いますが、帰宅後の手洗いに時間がかかってしまうため、外に出ること自体が嫌だと感じているようです。Ａさんは外出から帰宅すると、不安感から何回も手洗いをし続けます。手を30回洗うと決めていて、そうすると不安が一時的に和らぐため、この行為が維持されます。

　まずは、過剰な手洗いをやめたいと思っているのにやめられずに困っているという問題の明確化をします。そして、Ａさん自身が汚染されたような気持になるため不安感を感じ、その不安感を払拭するために執拗に手洗いを繰り返すのかもしれないと、集めた情報から仮説を探索します。あわせて機能分析を用いて手洗いが維持されるメカニズムを見ていきます。Ａさんの困り事を解決するためには、手を洗うという行為を我慢しなくてはなりません。そのため、暴露反応妨害法を用いて手を洗うという行動自体を我慢してもらうのが、有効かもしれません。暴露反応妨害法とは、クライエントを強い不安を喚起する状況や対象にあえてさらし、その不安感を軽減するために行われる手洗い行動などに代表される強迫行為を妨害し、我慢させて行わないようにすることで、問題となる行動の解消を目指す心理療法です。そして、この暴露反応妨害法の効果を確認して、ケース・フォーミュレーションにおける仮説が適切であったのかを検証します。暴露反応妨害法を繰り返しても不安が緩和されない場合には、当初の仮説や着眼点を修正し、より適切と考えられる介入を実施します。仮説検証を行うと共に、心理教育を用いて今の症状やメカニズムをＡさんに説明したり、リラクゼーション法を教えたりす

るいことも有効でしょう。より有効な介入方法やその組合せを検討し、柔軟にケース・フォーミュレーションを修正していきます。

覚えておきたいターム
☑事例定式化　☑仮説形成　☑仮説検証　☑認知行動療法　☑機能分析

仮説を立て検証し、最適な介入法を見極める

原理

基礎理論

心理的アセスメント

カウンセリング

心理療法

精神疾患

5 領域の心理学

25

類型論と特性論

解説

知性や感情、意思は各人によって異なる、かつ一貫していると言われており、その個人差はパーソナリティとして表されます。パーソナリティは、振る舞いや対人関係において示され、その人らしさとして周囲に認識されるものです。時間の経過や異なる場面・

パーソナリティ －3つの働き－

知性
・思考
・知能
・判断

感情
・気質
・喜怒哀楽
・気分

意思
・欲求
・制御能力
・問題解決

状況による影響をあまり受けないとされ、そこに一貫性が見出されます。例えば、今までは人前で喋ることに消極的だった人が、ある時から急に会議で率先して喋るようになれば、周囲はその人の異なる対応に戸惑うことでしょう。これは、その人のパーソナリティとして想定していた引っ込み思案や消極性などとは異なる性格特徴が発揮されたからだと言えます。

パーソナリティは、心理検査や知能検査といった共通の尺度を通して測定され、記述するための研究の立場は類型論と特性論とに大別されます。類型論は、性格をいくつかのタイプに当てはめて、人物の全体像を理解するための枠組みです。一方の特性論は、複数の特性の組み合わせによって個人の性格が構成されているという考え

方で、尺度の得点などをもとにパーソナリティを理解します。

　類型論の身近な例として、血液型による性格診断が挙げられます。A型は几帳面、B型はマイペース、O型はおおざっぱ、AB型は天才肌などの分類です。これには科学的根拠はありませんが、わかりやすく明確なので、広く知れ渡ってきました。精神科医であったクレッチマー, E によるクレッチマーの気質類型も類型論の有名な例です。体型と精神疾患の一定の傾向について記述されたもので、3つの分類がなされています。循環気質は肥満型が多く、明るく社交的で温かみがあるが、激高しやすいといった気分の波が認められ、躁うつ病の傾向と関連があります。次に、分裂気質は細長型が多く、内気で真面目、周りに無関心であり、統合失調症の傾向と関連が見られます。最後に、粘着気質は闘士型（筋肉質）が多く、頑固で几帳面な性格であり、てんかんと関連があるとされます。

体型	気質	性格	関連する精神疾患
肥満型	循環気質	社交的で温和	躁うつ病
細長型	分裂気質	内気で真面目	統合失調症
闘士型	粘着気質	頑固で几帳面	てんかん

　また、精神医学者であり分析心理学を確立したユング, C. G. によるユングの向性理論も、類型論の1つです。パーソナリティを8つの分類で理解しようとしたもので、その基礎には外向性と内向性が置かれます。外向性は、関心が外界の他者や事物に向かい、外部と自己との関係性に意識が向かう傾向です。一方で、内向性は関心が自分自身に向かい、内界や主観に重きを置く傾向です。ユングは後に、「思考」、「感情」、「感覚」、「直観」という4つの心理的機能を追加しました。機能ごとに外向性と内向性があり、その組み合わせで8つの分類がなされます。両理論共に数千件に及ぶ臨床例や臨

原理

基礎理論

心理的アセスメント

カウンセリング

心理療法

精神疾患

5領域の心理学

床経験に基づき発展しましたが、直観的に人物の全体像を把握できるというメリットがある反面、すべての人を類型に当てはめることは難しく、複数の類型にまたがる中間型や混合型が見落とされるというデメリットが問題視されました。

　特性論では、「几帳面」、「おおざっぱ」、「マイペース」、「天才肌」などの性格特徴は多くの人に共通する要素として捉え、それらの強弱・濃淡でパーソナリティを測定します。提唱者であるオルポート, G. W. は、パーソナリティを科学的な概念として、特性を数量化して捉えることを試みました。キャッテル, R. B. によって開発された 16 Ｐ Ｆ と、ゴールドバーグ, L. R. が提唱したビッグ・ファイブは、統計的手法である因子分析を用い、科学的根拠に基づいています。16 Ｐ Ｆ は個人のパーソナリティ傾向を測定する質問紙法検査で、16 因子の両極性における高低によって、被験者の行動特性を明らかにしました。さらに、クレッチマーやユングによる性格特徴を取り入れ、類型論の要素も含んでいます。**ビッグ・ファイブ**は、「外向性」、「神経症傾向」、「開放性」、「調和性」、「誠実性」の５大因子に性格特性が集約されているとするもので、これらの高低やバランスによって、パーソナリティが形成されると考えます。ビッグ・ファイブを基盤とした尺度も多数開発されており、代表的なものに NEO-PI-R が挙げられます。特性論では、類型論と比べて人物の全体像を直観的には把握しにくいものの、数量化が可能なため、パーソナリ

特性論（例：ビッグ・ファイブ）

外向性
神経症傾向
開放性
調和性
誠実性

ティの詳細な記述が可能で個人差を捉えやすいというメリットがあり、現在では類型論より多く採用される傾向にあります。

ワンポイントレッスン

　パーソナリティの測定方法として、質問紙法や投映法が挙げられます。質問紙法は集団に実施ができ、一度に多くのデータを集めることができるため、産業領域における採用や教育の場面などでも広く活用されています。近年、就職活動時や就職後の人員配置などにおいても性格検査が取り入れられ、中でもＹＧ性格検査は頻繁に使用されています。**ＹＧ性格検査**(矢田部－ギルフォード性格検査)は、ギルフォード, J. P. が考案したパーソナリティ目録を、矢田部達郎らが日本人向けに作成したもので、12尺度にそれぞれ10問ずつ含まれる全120問から構成されます。尺度は抑うつ性、攻撃性、協調性、活動性や思考的外向など多岐にわたり、結果からは、対人関係や感情の安定性、社会適応などの特性が明らかになります。12尺度における強弱の程度をグラフ化し、その形状から、性格特性を5つの類型 (「平均型」、「情緒不安積極型」、「安定消極型」、「安定積極型」、「情緒不安消極型」) に分類します。このように、ＹＧ性格検査は基本的には特性論に基づいて作成されており、尺度別に見ていくことで被験者の詳細を把握しやすい一方で、5類型に分けることで類型論の観点からも解釈可能な性格検査であると言えます。

覚えておきたいターム
☑クレッチマーの気質類型　　☑ユングの向性理論　　☑ビッグ・ファイブ
☑ＹＧ性格検査

タイプで人を分けるか、人の中の特性で捉えるか

原理

基礎理論

心理的アセスメント

カウンセリング

心理療法

精神疾患

5領域の心理学

26

発達検査

解説

　発達検査とは、主に乳児期から児童期の子どもの発達の程度を測定する検査のことです。知能検査が知的能力の評価に特化した検査であるのに比べ、発達検査では、知的能力だけでなく運動機能、自立の程度、社会性など、発達に関わる能力を幅広く評価します。発達検査は、子どもの心身の発達度合いを把握することで、その後の発達過程を予測したり、適切な支援につなげたりすることを目的としています。発達の度合いの指標となるのが**発達指数（DQ）**とよばれるものです。発達検査の結果から相当する年齢を**発達年齢（DA）**、実年齢を**生活年齢（CA）**といい、DAとCAからDQを算出します。DAとCAが同じ場合はDQが100となり、これを基準値とすることで、子どもが実年齢に相当する発達能力を備えているか、あるいは遅れているかどうかを把握することができます。

　発達検査は主に、子どもへの課題、行動観察、あるいは保護者への問診によって行われます。主な発達検査は右ページの表の通りとなります。

ワンポイントレッスン

　子どもの場合、検査に対する不安や緊張が結果に大きく影響する可能性があります。そのため、子どもが万全の状態で検査ができるように配慮が必要です。必要に応じて保護者に同席してもらうこ

とがありますが、保護者が回答を誘導しないように注意が必要です。発達検査は発達障害のアセスメントで用いられることがあります。ただし、子どもは特に低年齢であるほど発達の変化が著しいため、一回の検査で確定せずに発達の経過を見ていく必要があります。

検査名	対象年齢	検査内容
新版K式発達検査2020	0歳〜成人	京都市児童院(現:京都市児童福祉センター)によって開発された。子どもに課題を実施して評価する。検査項目は「姿勢・運動」、「認知・適応」、「言語・社会」の3領域で構成される。
KABC−II	2歳6ヶ月〜18歳11ヶ月	米国のカウフマン夫妻によって開発された。子どもに課題を実施して評価する。基礎的な認知能力を測定する「認知尺度」、その認知を活用した習得の成果を示す「習得尺度」で構成される。
WPPSI−III	2歳6ヶ月〜7歳3ヶ月	ウェクスラー式知能検査の幼児版で、発達面も把握することができる。「全検査IQ」と「言語理解指標」、「知覚推理指標」、「処理速度指標」、「語い総合得点」の4つの下位項目で知能を測定する。
津守式乳幼児精神発達検査	0歳〜7歳	津守真らによって開発された。保護者への問診によって評価する。検査項目は「運動」、「探索」、「社会」、「生活習慣」、「言語」の5領域で構成される。

覚えておきたいターム
☑発達指数 ☑発達年齢 ☑生活年齢

実年齢と発達年齢にどれくらい差があるのか

27

知能検査

解説

　知能とは、知的機能を必要とする活動、例えば読み書き、記憶、情報の整理などに関する能力を指します。知能検査は心理検査の1つで、検査対象者が取り組んだ課題の内容がデータとなって表され、知的発達の様相を科学的かつ客観的に測定することができます。

　知能を測定するための方法論を最初に確立したのはビネー, A. であり、1905年にシモン, T. と共に、就学前の子どもたちに普通学級レベルの学力があるか否かの判断を行うための知能評定尺度を作りました。その後、1916年にターマン, L. は、知能指数の概念を導入し、アメリカにおいてビネー式知能検査を発展させました。1939年にウェクスラー, D. は知能をより多角的に捉え、個人内の質的な差異を明らかにするためのウェクスラー式知能検査を開発しました。そして、このビネー式知能検査とウェクスラー式知能検査が、現在でも用いられている代表的な知能検査となります。

　知能をどう捉えるかで測り方は異なり、**ビネー式知能検査**では、知能を各能力別に捉えるのでなく、一般知能としてより総体的に捉えます。ビネーの知能観に則って測定が行われ、知的活動の際に共通して用いられる能力として一般知能の方向性・目的性・自己批判性が挙げられています。この知能検査では、当該年齢の約50〜70%の子どもたちが正答できる**標準問題**が選ばれています。テストを受けた者がどの月齢もしくは年齢の問題まで到達できたかによっ

て、知能面の**精神年齢**が算出され、生活年齢との比により**知能指数**（ＩＱ）の算出が行われます。

　ビネー式知能検査として、日本で頻繁に使われるものに田中ビネー知能検査があります。対象は、２歳から成人までですが、２歳から13歳までと、14歳以上とでは問題が異なります。14歳未満の検査では、項目が年齢級ごとに分けられており、全問正解できる易しい年齢級から、すべて正解できなくなる年齢級まで行います。また、14歳以上では問題が分野によって分かれており、結晶性・流動性・記憶・論理推理という４つの領域において評価がなされます。14歳未満の被検者には従来の知能指数を用い、14歳以上の被検者には偏差ＩＱを用いて、知能の高低を明らかにします。

　ウェクスラー式知能検査では、知能を単一な能力ではなく質的に異なる複数の能力から構成されるものと捉え、領域別に知能を測定していきます。主に心理臨床現場や教育現場において、検査対象者の知的発達面での理解を深めることを目的に使用されます。

各指標の解釈		
ＶＣＩ （言語理解指標）	言語を用いての推理・思念、会話、読み書き	教科書を読み、理解する 指示の通りやすさ
ＰＲＩ （知覚推理指標）	言語以外の情報、主に視覚的情報からの推理・思考	地図の読み取り 平面図から立体をイメージする
ＷＭＩ （ワーキングメモリ指標）	ワーキングメモリの反映	暗算 指示を聞きながら作業を続ける
ＰＳＩ （処理速度指標）	取り入れた情報に基づき、身体を動かすスピード	板書 速く正確に事務処理をする

ＶＣＩは言語的な理解力を、ＰＲＩは主に視覚的情報から推理する力を、ＷＭＩは主に聴覚的情報を記憶する力を、ＰＳＩは情報を取り入れながら動作する力を表します。発達障害者においては個人内での認知機能に大きな差異があることがわかっており、知的障害や発達障害の有無の判別の一助ともなります。

　ウェクスラー式知能検査は、２歳６ヶ月から90歳11ヶ月までの幅広い年齢層に使える検査であり、年齢によって、用いられる検査の名称が異なります。ＷＰＰＳＩ（ウィプシー）は対象年齢が２歳６ヶ月から７歳３ヶ月までで、就学前の幼児のアセスメントに用いられます。幼い子どもの認知的側面での変動を考慮し、２部構成になっています。ＷＩＳＣ（ウィスク）は児童用で、対象年齢が５歳０ヶ月から16歳11ヶ月までです。10の基本検査を受けることで、４つの**指標得点**とそれらを総合して**全検査ＩＱ**（ＦＳＩＱ）が算出されます。ＷＡＩＳ（ウェイス）は成人用で、対象年齢が16歳０ヶ月から90歳11ヶ月までです。ＷＩＳＣと同様に、４つの指標得点と全検査ＩＱが算出されます。すべての指標におけるＩＱは100が平均であり、標準偏差が15になるように数値化されています。これを**偏差ＩＱ**といい、ＩＱ85〜115の間に約67％の人が、ＩＱ70〜130までに広げれば、約95％の人が網羅されます。個人の特性を明確にするためには、全検査ＩＱだけでなく、４つの指標得点間の差異を加味した上で、解釈を進めることが欠かせません。各指標で設定されている下位検査の結果を異なる角度から分析し、より細かい認知能力の情報を提供する指標を**プロセス得点**といいます。

　なお、ＷＩＳＣは第５版（ＷＩＳＣ−Ⅴ）が2021年に発行されました。従来の指標得点における知覚推理指標が視空間指標（ＶＳＩ）と流動性推理指標（ＦＲＩ）とに分かれ、計５つの主要指標得点とＦＳＩＱ、補助指標を用いて知能を測定します。

ワンポイントレッスン

　田中ビネー知能検査では総合点だけが算出されますが、ウェクスラー式知能検査では指標間や下位検査間における知能の差異であるディスクレパンシーの比較がなされ、強み（S）と弱み（W）の判定が行われます。したがって、個人内での能力のばらつきが把握しやすいことが利点として挙げられます。反面、田中ビネー知能検査では年齢級ごとに問題が選ばれているため、同年代と比較してどの程度の発達もしくは遅滞があるのかが判断しやすくなります。つまり、田中ビネー知能検査は個人の能力が他の人と比べてどうなのかという個人間差を、ウェクスラー式知能検査は個人内での能力の偏りである個人内差を明らかにすることに優れています。したがって、各検査が用いる2種類のIQはいずれも平均は100であるものの、数字の持つ意味は異なっていることに注意しなければなりません。

覚えておきたいターム
☑ビネー式知能検査　☑標準問題　☑精神年齢　☑知能指数
☑ウェクスラー式知能検査　☑WPPSI　☑WISC　☑指標得点
☑全検査IQ　☑WAIS　☑偏差IQ

知能を総体的に捉えるのか
複数の能力別に捉えるのか

28
質問紙法

　質問紙法とは測定しようとする対象や概念に関する質問項目への回答を得ることによって、被検者個人やその集団の特徴や行動、価値観などを把握しようとする心理検査法の１つです。被検者は紙に印刷された質問項目に対して、「はい」、「どちらでもない」、「いいえ」など、複数の選択肢から最も当てはまるものを**自己報告**の形式で回答します。そのため、質問内容に関して被検者が**意識**していることが測定結果に反映されます。現在使用されている質問紙法は不安、抑うつ、パーソナリティ、精神的な健康状態などさまざまな内容を扱っています。類似したものとして性格診断や相性度チェックなどが雑誌やインターネットに記載されていますが、それらとの大きな違いは、同じテストを繰り返し実施したときに安定した結果が得られるかどうかを示す信頼性や、測定しようとしている対象や概念を的確に測れているかを表す妥当性が、検討され標準化されている検査であるということです。

　質問紙法の長所としては実施が容易であるため、効率的に一度に多くのデータを収集することができ、結果を比較できる点が挙げられます。また、選択肢の「はい」を「２」、「どちらでもない」を「１」、「いいえ」を「０」といったように回答を数量化することで、**統計的解析**が可能なことも長所と言えます。一方、質問紙法の短所としては被検者が質問の意図を推測し、社会的に望ましい回答を選択するこ

とによって**回答の歪み**が起こり得ることが挙げられます。また、被検者の意識している側面しか測定はできず、**無意識**の内面世界を拾い上げることはできない、質問項目を理解できる程度の言語能力がある被検者に対象が限られるといった点も短所とされています。

ワンポイントレッスン

　質問紙法を用いたパーソナリティ検査には、主に**MMPI**（ミネソタ多面的人格目録）、**YG性格検査**（矢田部ギルフォード性格検査）などがあります。MMPIはミネソタ大学のハザウェイ, S. R. とマッキンレー, J. C. が開発した検査であり、10の臨床尺度と回答の歪曲や妥当性を検証するための4の妥当性尺度で構成されており、550項目の質問により多面的に人格を測定できます。YG性格検査はギルフォード, J. P. らが作成した質問紙をもとに、日本の矢田部達郎らが作成した検査であり、性格を12の性格特性に対応した120の質問項目によって5タイプの類型に分類することが可能な検査です。これらの検査はクライエントが意識していることを測定しており、統計データに基づいて回答結果を解釈できるので客観性が高いため、結果について受け入れやすいという利点があります。

覚えておきたいターム
☑自己報告　☑意識　☑統計的解析　☑回答の歪み　☑無意識
☑MMPI　☑YG性格検査

実施しやすいが、回答は歪められやすい

原理

基礎理論

心理的アセスメント

カウンセリング

心理療法

精神疾患

5領域の心理学

29

投映法

解説

　投映法はパーソナリティ検査の１つです。パーソナリティ検査では、被検者の欲求や態度、内的葛藤などの心理的な性質を測定します。投映法は、心理検査の中でも被検者の私的世界を多角的に捉え、被検者が日常において語り得ない無意識的領域まで把握することが可能です。手法としては、多義的なインクの染みや絵画といった曖昧な刺激によって引き出された被検者の自由な反応を解釈します。

　同じパーソナリティ検査である質問紙法ではあらかじめ質問項目が設定されており、被検者の立場からでも何が測定されているのかが明確なため、意識的側面の測定が中心となります。一方の投映法では与えられる刺激が曖昧でわかりづらく、被検者は何を測定されているのかが推測しづらいため、**無意識的側面**が明らかになりやすいです。また、質問紙法では、自分をよく見せようとして社会的に望ましい回答を選ぶなどの**回答のバイアス**が生じやすい傾向があります。一方で投映法は、検査の意図が読み取りづらいため、回答が意図的に歪められることは少ないという特徴があります。しかし、投映法の多くは質問紙法と比べて実施時間が長く、１対１でのやりとりで行われるため、**集団実施が困難**です。また、あらかじめ決められた方法で実施や解釈が行える質問紙法と違って、投映法の結果の解釈には検査者の熟練が必要とされ、時に**検査者の主観**が入り込む可能性もあります。そのため、より客観性が保たれる質問紙法な

原　理

基礎理論

心理的アセスメント

カウンセリング

心理療法

精神疾患

5領域の心理学

どとテスト・バッテリーを組むことが望ましいとされています。

　投映法には、まだ字が読めない年齢の子どもや知的水準の低い児童にも実施可能な検査があり、臨床においてはクライエントとの関係作りにも用いられます。例えば、クライエントが検査において語ったことに介入し、適応的な部分を引き出していくことは、支援の一助となります。ただし、まだラポールが形成されていない状態で投映法が突如行われると、検査が持つ曖昧さという性質から**侵襲性**が高まる怖れがあるため、注意が必要です。検査が行われる状況は被検者にとっては混乱や不快に結びつきやすく、日常におけるパーソナリティ特徴とは異なって現れる部分もあるため、それが本来の性格特徴であるのか、それとも一時的に表出された特徴であるのかということを、検査者はきちんと見極めることが重要です。

ワンポイントレッスン

　投映法の代表的な検査として、ロールシャッハ・テスト、ＴＡＴ、Ｐ－Ｆスタディが挙げられます。

　ロールシャッハ・テストはロールシャッハ, H. によって開発された、パーソナリティの分析や病態水準の把握に用いられる検査です。実施時間は１時間〜２時間です。検査の刺激は左右対称のイン

ロールシャッハ模擬図版

クの染みで、図版は５枚が無彩色、２枚が赤・黒、３枚が多彩色で全10枚があります。最初の手順である自由反応段階では、被検者はそれぞれのカードが何に見えるかを口頭で説明します。次の質問段階において、検査者はどの部分が、なぜそのように見えたのかを質問します。検査者は逐語録を取り、反応を記していきます。解釈

法として、日本では片口安史による片口法が最も多く使用されていますが、世界的にはエクスナー，J. E. による包括システムが信憑性の高い基準として評価されています。包括システムにおいて、反応内容は記号化され、統計的基準に基づき分析を行うことで、被検者の元々の性格や思考様式、感情状態、対人関係といったパーソナリティ構造を総合的に捉えることができます。

　ＴＡＴは主題統覚検査や絵画統覚検査ともよばれ、マレー，H. A. とモーガン，C. D. によって開発されました。30枚の図版と１枚の白紙から成りますが、多くの場合、検査者が十数枚を選んで実施します。日常での体験、主に葛藤場面を示唆する絵を被検者に１枚ずつ提示し、登場人物に今起きていること、それまでの経緯、どのような欲求があり、これからどうなるかという将来も含めた物語を構成させ、語ってもらいます。その物語を通して、被検者の欲求体系が明らかになります。解釈法は未だに確立されておらず、使われる頻度もロールシャッハ・テストと比較して少ないのが現状です。最も有名なものが、マレーが提唱した欲求－圧力理論による解釈法で、人間の欲求と環境からの圧力との相互作用によってパーソナリティを捉える方法です。環境に働きかける行動を起こすために人物の内面から突き動かす力を「欲求」といい、一方で環境が個体に及ぼす効果を「圧力」といいます。マレーは、ＴＡＴを通して被検者が図版の登場人物に自己を重ねることを想定し、この欲求と圧力との関係性が語られる中で、被検者のパーソナリティが明らかにされるとしました。

　Ｐ－Ｆスタディは、絵画欲求不満テストともよばれ、ローゼンツァイク，S. によって開発されました。小学生以上に用いることができ、検査時間も15〜20分と他の検査と比べても短時間で済ませることができます。２名の人物が描かれた24枚の絵に、自我阻害場面と

超自我阻害場面とがランダムに描か
れています。自我阻害場面とは、人
為的あるいは非人為的な妨害によっ
て、直接的に自我の欲求・意図が阻
害され、フラストレーションを感じて
いる場面です。超自我阻害場面とは、
他者からの指摘や非難で、間接的に
超自我の理想・目的が阻害されてフラ

P-Fスタディの図版例

ストレーションを感じている場面です。各場面の絵には吹き出しが
あり、その場面における人物のセリフを想像して、吹き出しに書き
込みます。そこから、個人の自己主張や意思表示における言葉の選
び方や感情表出を読み取ることができます。反応の分析では、スト
レスや葛藤場面にどのように対処するかを、攻撃性の方向（他責・
自責・無責）と型（障害優位・自我防衛・欲求固執）から評価を行
います。また、一般的に多く見られる常識的な回答がどの程度現れ
たかによって、集団への適応具合を知ることができます。

覚えておきたいターム
☑無意識的側面　☑回答のバイアス　☑集団実施が困難　☑検査者の主観
☑侵襲性　☑ロールシャッハ・テスト　☑ＴＡＴ　☑Ｐ－Ｆスタディ

> # 無意識的側面を捉えることはできるが
> # 解釈が主観的になりやすい

30

作業検査法

解説

　作業検査法とは、被検者に計算や図形模写といったような簡単な作業を一定の条件下で行わせ、作業量や作業過程を分析することによってパーソナリティを測定する方法です。検査内容が単純作業でかつ言語能力に依存しないため、筆記用具、ストップウォッチ、用紙があれば個人、集団どちらでも施行することができ、幼児や障害を持つ人、高齢者、外国人まで幅広い人に適用できることが特徴と言えます。また、被検者は何を測定されているのかがわかりづらく意図的に回答を操作することが難しいことから、回答の歪みが生じにくいといった長所があります。一方、短所としては、作業検査法から得られるパーソナリティや心理的特徴に関する情報が限定的である、実施回数が増えると慣れが生じる、単純作業の繰り返しであるため被検者の負担になる、被検者の意欲次第で結果が左右されるなどが指摘されており、工夫や配慮が必要と言えます。

　作業検査法は現在、病院や学校、企業で活用されています。検査の作業内容はパーソナリティの他、知能、発達の程度、情報処理能力、状況に応じた柔軟性との関連も強いため、企業では採用試験や特定の技術・安全管理の適性検査として、学校では進路指導や学級運営の資料として、病院では他のパーソナリティ検査や発達検査、認知機能検査と併用する評価ツールとして使用されています。

原理

基礎理論

心理的アセスメント

カウンセリング

心理療法

精神疾患

5領域の心理学

ワンポイントレッスン

代表的な作業検査法としては、内田クレペリン精神作業検査とベンダー・ゲシュタルト・テストがあります。

内田クレペリン精神作業検査とは、クレペリン, E. の研究をもとに内田勇三郎が応用し開発した検査です。被検者に一桁の数字の足し算を1分ごとに行を変えながら、前半15分、休憩5分、後半15分行わせ、その作業速度の変化を示す作業曲線と健常者の定型曲線との隔たりの程度によって、被検者の集中力、物事への積極性や融通性、協調性などを総合的に評価します。定型曲線には前半の最初の1行目の作業量が多くなる**初頭努力**、休憩前の15行目の作業量が次に多くなる**終末努力**、休憩することで疲労が回復し、後半の作業量が増加する**休憩効果**が見られ、一方で非定型曲線には、作業ミスの多発や散在、作業量の著しい不足や低下などが見られます。

ベンダー・ゲシュタルト・テストとは、ベンダー, L. によって発表された心理検査です。被検者に簡単な9つの図形を時間制限を設けずに模写させ、描写の正確さや図形同士の関係、描写方法、線の乱れなどに注目して採点をします。疾患群の特徴として図形の歪み、描線の震えなどが見られます。視覚や運動機能の障害、器質的障害の様相、知能的側面、パーソナリティの偏りを評価します。

覚えておきたいターム

☑内田クレペリン精神作業検査　　☑初頭努力　　☑終末努力　　☑休憩効果
☑ベンダー・ゲシュタルト・テスト

単純作業から見えてくるパーソナリティ

31
テスト・バッテリー

解説

　アセスメントする際にクライエントのことを多面的に理解する上で、成育歴や置かれた環境、言語的・非言語的情報なども重要ですが、**心理検査**による情報収集も不可欠です。というのも、心理検査は統計的な標準化に基づき客観性が保たれているため、その結果は的確な支援計画の組み立てに寄与してくれるからです。単独の心理検査の結果にとどまらない多様な視点に基づくアプローチにより、クライエントのパーソナリティや能力の深い理解へとつながります。しかし、人の心は受け手によっては幾通りもの解釈が可能であり、血液検査やレントゲンの結果のように、明確に捉えることができません。ゆえに、1つの心理検査からでは、被検者の能力やパーソナリティの特定の側面の情報しか得ることができません。そこで、各心理検査の特徴によるこうした**限界**を補うために、それぞれの長所と短所を考慮した上で心理検査を組み合わせて実施します。これをテスト・バッテリーといい、質問紙法と投映法との組み合わせが代表的です。あらかじめ用意された質問項目に回答する質問紙法は構造化されており、調べたいことがクライエントにも理解しやすい一方で、自分をどのように見せたいかで社会的に望ましい答えをするなど、回答を意図的に歪めることも可能です。そこで、構造化が緩く、曖昧で多義的な刺激に対する反応を見る投映法も組み合わせることで、質問紙法だけでは明らかにならないクライエントの無意識的側

面を捉えることが可能となります。テスト・バッテリーの一例とし
ては、うつ病が疑われるクライエントに対し、ＳＤＳ（自己評価式
抑うつ性尺度）やＣＥＳ－Ｄ（うつ病自己評価尺度）でその程度を
数値化し、同時にパーソナリティや病理水準への所見のためにロー
ルシャッハ・テスト、もしくは対人関係パターンへの所見としてＴ
ＡＴを用いたりすることがあります。

　心理検査の組み合わせ方に細かな決まりはありませんが、クライ
エントのどの側面を把握したいのかを明確にした上で、クライエン
トの年齢や時間的・環境的制約を考慮に入れ、１～２回の面接で検
査を終えられるように計画することが求められます。特に、ロール
シャッハ・テストをはじめとする投映法の一部は、被検者にかかる
負担が大きく、侵襲性も高いと言われています。そのため、投映法
をいくつも組み合わせるのは望ましくなく、またクライエントとの
関係性が構築されてから行う方がよいとされています。心理検査か
ら得られたデータは検査者のみが理解できればよいわけではありま
せん。クライエントは、検査者からのフィードバックによりその意
義を理解する権利があり、心理検査の結果がその後の支援に反映さ
れることが必要です。

ワンポイントレッスン

　シュナイドマン，Ｅ．Ｓ．は、心理検査法のいくつかをその**意識の水
準**の高い順から、飛行機・船・潜水艦に分類しました。意識領域で
ある空中の飛行機は質問紙法、前意識領域である水面の船はＴＡＴ、
無意識領域である水面下の潜水艦はロールシャッハ・テストが位置
づけられます。ＴＡＴは前意識領域を中心に測定する一方で、船の
甲板は意識領域に、エンジンは無意識領域に位置し、幅広い水準を
網羅しています。この検査に用いられる図版の多くは対人場面にお

原　理

基礎理論

心理的アセスメント

カウンセリング

心理療法

精神疾患

5領域の心理学

意識の水準	テストの形式例
意識	質問紙法
前意識	ＴＡＴ、Ｐ－Ｆスタディ、ＳＣＴ
無意識	ロールシャッハ・テスト

ける葛藤であり、質問紙法では把握しがたい欲求などが表れる一方で、被験者の語りを扱う性質ゆえに、意識領域も大きく関与しています。ロールシャッハ・テストも、インクのシミを知覚したことへの反応を言葉で表現するため、意識領域にも多少関与しますが、人物像の描写がなく、色彩の有無・濃淡が被験者のより混沌とした主観を引き出すことからも、より深い無意識領域まで言及できると言えます。各検査の位置関係を見ても、それぞれ異なる意義があることが明白であり、独自の効用を生かしつつ、総合的な結果を用いて**多面的な理解**を行います。

シュナイドマンの意識の水準

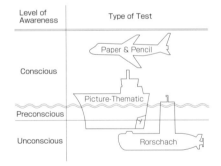

覚えておきたいターム

☑心理検査　　☑限界　　☑意識の水準　　☑多面的な理解

心理検査を組み合わせて
人物像を多角的・総合的に捉える

Chap.4 カウンセリング

クライエントに寄り添い共感する

32
インテーク面接

解説

　インテーク面接とは本格的な心理的アセスメントの前段階に、クライエントに対して行う初回面接を意味します。クライエントが抱える問題についての情報収集などを行う役割を果たし、インテーク面接を担当した**インテーカー**がその後の心理療法も継続して行う場合と、別の者がセラピストとなって心理療法を行う場合とがあります。インテーク面接の主な目的としては、クライエントの来談目的の特定、パーソナリティの理解、今後の支援方針と来談計画を立てることが挙げられます。そのためには、クライエントが抱えている問題や症状、これまでの経緯などを聴取し、**見立て**を行う必要があります。具体的には、主訴・年齢・性別・生育歴・家族歴・病歴・来談経緯などに関する情報を収集します。さらに、クライエントの行動、表情、態度などの**非言語的コミュニケーション**も考慮に入れつつ、相談内容を扱うことができるかどうかを判断していきます。

　上記の見立てに基づき、インテーカーがどのような支援方針を立て、問題に取り組んでいくのか、クライエントには知る権利があります。そのため、インテーク面接では、支援の枠とされる場所、時間、料金、期間、守秘義務などに関しての説明を行い、さらには支援内容の限界についても伝えるようにします。そして、支援方針の説明にクライエントが同意した上で初めて契約を結ぶに至るのです。こうした一連の説明と同意を**インフォームド・コンセント**といい、

クライエントの自己決定権の尊重のためにも不可欠なものです。また、インテーク面接ではインテーカーとクライエントとの信頼関係である**ラポール**を形成することが重要です。ラポールはクライエントが安心して自己開示を行う上で欠かせないもので、クライエントが来談予約をする時点から築かれ始めています。予約をするだけでも、クライエントには不安や恐れを抱くなどの心の動きが生じています。そうした体験に思いを馳せて、相談機関につながったことに対し、労いの気持ちを持って接します。

ワンポイントレッスン

クライエントに著しい知能の遅れが見られたり、高齢で認知機能が衰えていたりして、説明の内容を十分に理解できない場合には、保護者や後見人から同意を得ることになります。家族などに連れられて来談してきた場合、何を目的として面接を受けるのかをクライエントに十分に理解してもらうことで、支援や治療に対して積極的に参加する姿勢であるアドヒアランスが高まります。また、相談に来たすべてのクライエントと支援契約を結ぶとは限りません。クライエントの抱える困難や問題が援助内容の限界を超えている場合は、より適切な他の支援機関を紹介するリファーを行うこともあります。

覚えておきたいターム
☑インテーカー　☑見立て　☑非言語的コミュニケーション
☑インフォームド・コンセント　☑ラポール

> ### 次回以降の支援のきっかけ作りとなる場

33
傾聴

解説

　傾聴とは、相手の話にじっくりと耳を傾けることで、話の内容だけでなく、言葉だけでは表現しきれない心の奥にある感情や感覚、考えも含めて丁寧に聴いていくカウンセリング技法の1つです。その際に聴き手は、話を遮る、話を促す、アドバイスや指示、励まし、説得、同意などをしません。しかし、聴き手は受け身でただ話を聴いているだけというわけではありません。目の前にいる相手に興味・関心を向け、「その人個人が何をどのように感じ、捉えているのか」について、言葉のニュアンスや仕草・表情・声の調子など、あらゆる手がかりを使って積極的にわかろうとします。また、聴き手は自身が理解したことを相手に言葉にして伝え、質問をして理解を深めて修正することを続けていきます。

ワンポイントレッスン

　カウンセラー（聴き手）がクライエント（話し手）の達成すべき目標を設定し、助言をしていく技法を指示的カウンセリングといいます。指示的カウンセリングは適切な情報が不足している人には効果がありますが、カウンセラー主導で指示や助言をするため、クライエントが問題に対して受け身になる、その後もカウンセラーに頼りやすくなるといった問題点が潜んでいます。クライエントが自主性を育み、自らの責任で考え、対処していく力をつけていくためには、

クライアントが中心となって語ることを支える傾聴が重要なのです。

そこで**ロジャーズ, C. R.** は、人間は本来誰しも自らの力で成長する傾向である**自己実現**傾向を持っているとする**クライアント中心療法**を提唱しました。クライアント中心療法では、クライアントがカウンセラーと対等な関係を持ち、自らが主体的に問題を解決していくプロセスが重視されました。そのプロセスの中で**非指示的**にクライアントの話を聴く傾聴は、カウンセリングの重要な技法として、クライアント中心療法を含む**人間性心理学**にとどまらず、広く用いられています。ただ、ロジャーズは非指示的な技法だけを真似しても何も効果はなく、クライアントに寄り添い、あるがままに無条件に**受容**することの重要性を説きました。ロジャーズは、丁寧にカウンセラーに傾聴され、受容されているクライアントは、徐々に自らの内面の声に耳を傾けることを学習するようになり、自分自身を理解し受け入れることができるようになると述べています。一方、カウンセラーがクライアントの語る内容を受け止めきれず、安易にアドバイスや励ましをしてしまうと、話題の焦点がクライアントの内面から逸れてしまうことがあります。カウンセラーが傾聴に徹するからこそ、クライアントは自らの内面と向き合い、気づきを深め、自己成長することができるのです。

覚えておきたいターム
☑ロジャーズ, C. R.　　☑自己実現　　☑クライアント中心療法　　☑非指示的
☑人間性心理学　　☑受容

> 人に聴いてもらうことで、
> 自らの内面の声も聴こえるようになる

34

共感

解説

　共感は、対人場面における精神機能の1つであり、他者が自分と異なる感情状態にあることを知り、同様の感情状態を自ら経験することをいいます。大きく2つの要素に分けられ、他者の立場に身を置き、他者の心的状態を推測して理解を深めようとする**認知的共感**と、他者の経験を目の当たりにした際に生じる情動や身体反応を重視する**感情的共感**とがあります。両者は活性化する脳の部位や生起プロセスが異なりますが、相補的に働き、不可分な関係にあります。共感と似た概念に**同情**がありますが、多くは他者の失敗や苦痛が伴う場面において、相手を哀れんだり、労わりの気持ちを向けたりする際に用いられます。同情は、必ずしも相手と同じ感情を経験しているとは限りません。例えば、自転車を盗まれた相手に対し、「大変だったね」と一緒に落ち込むことは同情と言えますが、当人は、犯人への復讐心で満ちているかもしれません。共感は肯定的な文脈における感情移入にも用いられ、その点で同情と区別されます。

　他者の信念や心の状態を推測し、理解する能力を心の理論といいます。この心の理論を獲得することにより、他者が自分とは異なる思考プロセスをたどることや、他者が言いたいことが何かを推測する行動が芽生え、**共感性**や社会性の発達、**向社会的行動**の発現へとつながります。共感性が高い方が対人関係は円滑になりやすく、周囲で起きていることを理解する**社会的感受性**が高いと言われていま

す。ただし、共感性が高ければよいかというと、必ずしもそうではありません。近年話題のＨＳＰ（ハイリー・センシティブ・パーソン）はその高すぎる共感性が一因となって、周囲からの刺激に敏感になり過ぎて、心が疲れやすいとされています。他者の立場になって気持ちを理解し、考えられると同時に、自分と相手との適切な距離感を保って人と接することができるのが理想的と言えるでしょう。

ワンポイントレッスン

　他者のポジティブな感情とネガティブな感情の両方に対する共感性を高められると、他者の感情に適切に反応したり、向社会的な思いやり行動を促進したりすることができます。また、他者のポジティブな感情に対する共感性は攻撃行動の抑制に一定の効果を持つことも示唆されています。その一方で、共感的関心を伴わない認知的共感は他者への妬みや攻撃行動、虚偽、いじめなどにつながることもあると言われています。共感的関心を高めるためには、認知的共感だけではなく感情的共感も身につけていく必要があります。そのためには同情や思いやりを育み、他者の視点に立ってその人の考えや感情を想像する力を獲得することが重要です。

覚えておきたいターム
☑認知的共感　☑感情的共感　☑同情　☑共感性　☑向社会的行動
☑社会的感受性

> # 程よい共感性が他者への思いやりにつながる

35
ラポール

解説

　ラポールとは、カウンセラーと来談者であるクライエントとの間に信頼関係がある状態のことをいいます。お互いの緊張が解かれた状態で、クライエントが安心して自由に自分を表現できる関係性です。ラポールを形成するためには、カウンセラーがクライエントに対して敬意を払い、共感的で受容的な態度で接していくことが必要となります。また、関係を構築していく中で、クライエントが「自分の伝えたいことをきちんと聴いてもらえる、わかってもらえる」、「自分の抱えている問題がよい方向へ向かうかもしれない」と実感できることが重要だと言われています。知識やスキルも含めてカウンセラーを信頼し、期待することがラポールを形成する際の要になるのです。ただし、クライエントをカウンセラーに依存的にさせたり、過度な期待を抱かせたりする状態は適切な信頼関係ではないので注意が必要です。ラポールが形成されると、カウンセラーとクライエントの間で**受容と共感**が進んでいき、感情の交流を深めていくことができます。

　ラポールという言葉の由来は、18世紀に**メスメル, F. A.** が提唱した動物磁気説にあるとされています。メスメルは人間も含めた生物の体内には**動物磁気**とよばれる目に見えない自然の力があり、その力の流れが体の中で滞ると人は病気になるとし、治療をしていました。その際に治療が成功した患者と治療者との間には交流がある

ことを発見し、「ラポート」と表現したことが現在のラポールの語源となっています。

ワンポイントレッスン

　カウンセラーごとに従事している領域や得意とする分野は異なり、その専門性は多岐にわたりますが、クライエントと出会ったときやカウンセリングの初期にラポールを形成することを特に重視する点は共通していると言えます。クライエントが来談した際に最初に行われる面接を**インテーク面接**、または初回面接や受理面接といいます。インテーク面接では、カウンセラーはクライエントが主に困っていること、症状の経過、生育歴や家族歴などを聞いていきます。その際、カウンセラーはクライエントの情報の収集や分析をしながらも、クライエントと関係を構築していくことに重点を置いています。質問や説明ばかりの一方的なやりとりではなく、時には雑談を織り交ぜながら話しやすい雰囲気を作り、クライエントの緊張や不安を軽減させる工夫をしていきます。このように、ラポールを形成し、カウンセリングの目標を設定して両者が協力して作業を行っていく関係を結ぶことを**作業同盟**といいます。作業同盟が強固であることが後のカウンセリングを円滑に進める鍵となっていくのです。

覚えておきたいターム
☑受容と共感　☑メスメル, F. A.　☑動物磁気　☑インテーク面接
☑作業同盟

信頼関係の構築がすべてのはじまり

原理

基礎理論

心理的アセスメント

カウンセリング

心理療法

精神疾患

5 領域の心理学

36

関与しながらの観察

解説

　サリヴァン, H. S. が提唱した関与しながらの観察とは、治療者の存在自体が患者に影響を与えていることも含めて、両者の関係の中で起きていることに十分に注意を払うことです。サリヴァンは精神科医として治療を実践していく中で従来の精神医学の「患者一人の問題を診る」という考えではなく、法、慣習、圧力、差別といった人を取り巻く**環境**や**対人関係**の影響を重視するようになっていきました。そして、文化人類学の調査方法で用いられる、研究者が対象とする社会の中に入り、直接観察して聞き取りを行うことを意味する**参与観察**からヒントを得て自身の治療に取り入れ、関与しながらの観察を提唱しました。サリヴァンは面接の中で対人関係を切り離して患者個人を客観的に捉えることは不可能とし、面接場面は治療者が患者に及ぼす影響を排除できない対人関係の場であると考えました。そして、治療者は患者の環境や対人関係の影響を理解するための道具として存在しながら、その関係において起こる現象を客観的に観察することは

対人関係の場

治療者が
感じたことを観察

治療者

相談者

関係の中で起きていることを観察

可能であり、得られたデータは治療上かつ科学的に重要であると主張しました。関与しながらの観察は現在の心理臨床の実践においても重視されており、治療者は患者との相互関係の中で起きていることに対して、治療者が感じた主観も含めてできるかぎり客観的に観察し、仮説生成・検証を繰り返していく姿勢が求められています。

ワンポイントレッスン

　関与しながらの観察を実際に行うことは容易ではありません。治療者側の要因によってその対人関係の場を客観的に観察することが困難になる状況は数多くあります。例えば、治療者が患者に対して「ＡＤＨＤの症状が見られた」、「うつ病という診断名がついている」などの事前情報を持っている場合、バイアスが作用し、それに沿った情報を多く収集してしまうかもしれません。また、治療者自身の個人的な葛藤や対人関係のあり方が患者との関係を通して映し出されることもあり、その逆転移に気づかない場合、観察が歪められる可能性があります。そのため、観察が歪められる要因に対して治療者は自覚的になることが求められます。治療者は自分自身への注視を続け、さらに教育分析やスーパービジョンなどの機会を利用して、自身の課題を発見し、点検することが重要であるとされています。

覚えておきたいターム
☑サリヴァン, H. S.　☑環境　☑対人関係　☑参与観察

相互作用も含めて客観的に観察する

37
スーパービジョン

　スーパービジョンとは、受け手である**スーパーバイジー**が専門性の向上を目的に、より経験を積んだ**スーパーバイザー**から継続的な訓練を受けることです。スーパーバイジーは、援助者として業務に携わる担当事例をスーパーバイザーに報告し、援助者とクライエントとの二者間に第三者の視点を取り入れます。そして、ケースに関する指導・助言を受けたり、問題の整理への糸口を求めたりします。そのため、スーパーバイザーもケースに一定の責任を持ちます。なお、スーパービジョンではクライエントの情報提供が必要となるため、守秘義務の観点から、事前にクライエントの許可を取っておく必要があります。通常、カウンセリングとスーパービジョンは、同じ時期に並行して進められます。

　スーパービジョンは、支持的機能、教育的機能、管理的機能という3つの機能を担っています。

　対人援助職では、対人関係におけるストレスに常時さらされている一方で、成果が目に見えにくいために、疲れや苦痛が生じやすいとされています。過度な苦痛を抱えきれなくなると、身体疲労と感情の枯渇が生じてバーンアウトにつながることもあります。そこで、スーパービジョンの支持的機能により、スーパーバイジーはスーパーバイザーに受容され、心理専門職としての**精神的安定**を取り戻

すことが期待されます。スーパーバイジーの勇気や努力、できている支援や自己研鑽への賞賛などの評価を通して、実際にカウンセリングを受けるクライエントの立場を追体験することで、クライエントにより共感できるようになり、効果的な関わりが期待できます。

　セラピストがクライエントの援助を進めていくには、心理職の資格取得までに必要とされる知識だけでは不十分であり、膨大な技術と経験を統合することが必須となります。そこで、スーパービジョンの教育的機能として、スーパーバイザーはスーパーバイジーに介入の具体的な方法を提案したり、アセスメントへの助言を行ったりすることで、一人前に養成していきます。スーパーバイジーは、スーパービジョンを通して技法や理論を再確認し、実践的な形として身につけ、さらに個別のクライエントにそれらを応用することが期待されます。ただし、スーパーバイザーは、気づいたことすべてを一度に指導するのではなく、スーパーバイジーの成長段階に合わせ、今伝えるのか、別の機会に伝えるのか、内容を選択することが必要です。

　スーパーバイザーは、時にスーパーバイジーの置かれた環境の調整にも携わります。組織やチームの一員として対人援助を行っていく中で、スーパーバイジーだけで発揮できる能力には限界があり、他職種の専門家との連携が欠かせません。スーパーバイザーは管理的機能も担い、環境から過度なストレスを受けることなくクライエントの援助ができるように管理・監督して、スーパーバイジーを支えていくことを心がけます。

ワンポイントレッスン

　スーパーバイザーはスーパーバイジーの個人的な問題までは取り扱いません。スーパービジョンには教育的な要素が含まれており、

スーパーバイザーとスーパーバイジーはその経験性などから上下関係が生じるため、対等なやりとりが求められる心理的支援などを行うことは、多重関係の問題にもつながります。これに対し、**教育分析**は心理支援者が受ける教育のための精神分析のことです。教育分析では、スーパービジョンで扱うような担当事例に関する悩みや葛藤とは異なる問題が扱われます。自身の生い立ちや対人関係などを振り返って無意識を探索する過程を経て、支援者自身の自己洞察を深めて成長していくために行われます。

　また、スーパービジョンでは、**並行プロセス**という現象にも留意する必要があります。この概念は、精神分析の分野において、転移・逆転移に関する研究から明らかになりました。日常のカウンセリングの中で、スーパーバイジーとクライエントとの間で生じる共感にまつわる困難が、スーパーバイザーとスーパーバイジーとの間でも展開されることをいいます。その逆に、スーパーバイザーとスーパーバイジーとの間で生じた肯定的な関係性が、スーパーバイジーとクライエントとの間で再現される場合もあります。このように、2つのプロセスが垣根を越えて影響し合うので、好ましいスーパービジョンの関係を築くことが重要とされています。

覚えておきたいターム
☑スーパーバイジー　　☑スーパーバイザー　　☑精神的安定　　☑教育分析
☑並行プロセス

熟練者からの指導が成長には不可欠

Chap.5 心理療法

心理的問題の解決法を学ぶ

38
アサーション

解説

　アサーションとは、自分も相手も尊重し大切にする自己表現のことであり、相手と対等で互いに自分らしくいられる関係を築くことを目指すコミュニケーションの方法です。自分のことも他者のことも配慮した関わりで、考えや感情を適切に伝え合えることをアサーティブといいます。このアサーティブな表現をするには、自分のその時の正直な気持ちを確かめ、事実や状況と共にその気持ちを率直な言葉で相手に伝え、伝えたら相手の表現をしっかり聴いて受け止めることが必要です。両者の間で葛藤が生じたり、問題解決ができない場合は、できるだけ具体的な提案をし、さらにそこから意見の交換をしたり、お互いを支え合うようなやりとりを行います。アサーションは「物事が思い通りに進むかどうかはわからない」ということを前提に自他尊重のプロセスを大切にしていくため、その結果にかかわらず、相互理解の深まった親密な関係を築くことが可能になります。このようなアサーティブな表現を身につけていくための訓練法としてアサーション・トレーニングがあり、医療、教育、産業分野だけに留まらず、一般の人々に対しての心理教育プログラムとして幅広く活用されています。

ワンポイントレッスン

　平木典子はコミュニケーションの目的によってアサーションの機

能は異なり、表現方法にも特徴が出るとしました。例えば、会議や交渉の場面では、課題をやり遂げるためのやりとりである**タスクのためのアサーション**が中心に行われます。目的やテーマに沿った客観的事実、論理的思考、具体的提案を伝えることが求められます。一方、食事や雑談などの場面では、人と親密な関係を維持するためのやりとりである**メンテナンスのためのアサーション**が中心に行われます。表情や態度といった非言語的コミュニケーションに加え、共感や受容、思いやりの言葉を伝えることが求められます。何事にも結果を求められる現代においては、タスクのためのアサーションに偏りがちですが、それだけにメンテナンスのためのアサーションがより重要になると言えます。

　とはいえ、2つのアサーションの機能は完全に分かれているわけではありません。仕事の場面でも現場の声に耳を傾ける、上司や部下と良好な関係性を維持することなど、メンテナンス機能が求められることもあります。また、皆が和やかに話している中で、誰かが話題を独占したり、激しい議論が続いたりする場合には、別の人に話を振ったり、議論の仲裁をするなど、タスク機能が役立つこともあります。つまり、状況に応じて2つのアサーション機能をバランスよく使い分けていくことが大切なのです。

覚えておきたいターム

☑コミュニケーション　☑アサーティブ　☑アサーション・トレーニング
☑タスクのためのアサーション　☑メンテナンスのためのアサーション

自他をバランス良く配慮したやり取り

原理

基礎理論　心理的アセスメント　カウンセリング

心理療法

精神疾患

5領域の心理学

39

精神分析療法

解説

　精神分析療法は**フロイト, S.** によって創始された心理療法で、人の問題行動は無意識に抑圧された心的外傷体験が症状として表現されているものと考え、その抑圧された心的外傷体験を意識化することを目標とします。その際に**自由連想法**という方法を用いて意識化を図ります。自由連想法とは、カウチとよばれる寝椅子にクライエントに横になってもらい、心に浮かんだことをそのまま言葉にしてもらう方法です。フロイトは自由連想の内容に無意識が反映されると考えました。無意識を表現することはクライエントにとっての心理的負担が大きく、次第にクライエントは面接中に沈黙したり、面接に遅刻したりするようになります。こうしたクライエントの無意識の連想を妨げる行為を**抵抗**といいます。そして、分析が進むと、クライエントの幼少期の重要な人物との関係性がセラピストとの間で再演される**転移**が生じることがあります。セラピストとクライエントとの間に生じた転移関係を分析することで、クライエントと過去の重要な人物との間に生じた出来事や葛藤についてより深く分析することができます。このように自由連想法を通して出てきた内容や、クライエントが示した抵抗、転移にセラピストが**解釈**を与えていきます。解釈とは、クライエントが無意識を意識化することに役立てるため、セラピストが話を焦点づけたり、クライエントが気づいていない無意識に関する仮説を伝えたりすることです。解釈を通

原理

基礎理論

心理的アセスメント

カウンセリング

心理療法

精神疾患

5領域の心理学

してクライエントは自身について**洞察**を深めていくことができます。こうした解釈と洞察を繰り返す**徹底操作**を行うことで、最終的には、自我が強化されて、問題行動を制御できるようになったり、症状が消失したりすると考えられています。

ワンポイントレッスン

　従来の精神分析療法は、週1日の休み以外はほぼ毎日の頻度で、数年間にわたって行われていました。当時、フロイトのもとに来ていたのは上流階級の貴婦人が多かったため、週6日でも問題なく通えたようですが、経済的事情や時間的制約を考えると、今日ではハードルが高く現実的ではありません。そのため、だんだんと回数が減っていき、現在では多くても週1〜数日程度で行われています。こうした簡易的な方法は、従来の精神分析療法と区別して、精神分析的心理療法とよばれることもあります。また、現在では寝椅子に横になることなく、対面で行われるのが主流になっています。フロイトが行っていた精神分析療法と比べると、日数や形式などは現在の方法と構造がまた違っています。どちらの方法がよい、悪いというわけではなく、どのような心理療法であっても、その時代に適した形に方法を修正して、その是非を検証し続ける姿勢が重要です。

覚えておきたいターム

☑フロイト, S.　☑自由連想法　☑抵抗　☑転移　☑解釈　☑洞察
☑徹底操作

> # 無意識に追いやった経験と向き合う

40

クライエント中心療法

解説

　クライエント中心療法とは、**ロジャーズ, C. R.** によって提唱された心理療法であり、「**非指示的カウンセリング**」ともよばれています。人間は自ら成長する力や**自己実現傾向**を持っているという考えのもと、カウンセラーは来談者であるクライエントに助言や解釈などを与えずに、対等な関係の中でクライエントが主体的に変容していけるように援助していきます。そのため症状の消失よりも個人の適応や成長を大きな目的としています。

　クライエント中心療法の背景にはロジャーズの唱えた自己理論があります。自己理論とは、自分はこうである、こうあるべきだといった自分に対する意識的な捉え方である**自己概念**と、感情や感覚といったその人の流動的で生き生きとした**経験**がどの程度一致しているか、もしくは、不一致な状態であるかによって、その個人のパーソナリティの適応、不適応状態を検討するものです。例えば、「自分は優しい母であるし、そうあるべきだ」という自己概念を持つ人が、実際に子どもとの関係において穏やかな感情や温かい感覚を抱く経験が日常的にある場合、「優しい母」という自己概念とその経験の一致度が高いと考えられ、適応的な状態であると言えます。一方で、自己概念と矛盾するような、イライラした感情や息が詰まる感覚を意識に上がらないようによく否認している、そうした感覚を自分の都合のよいように解釈し、歪曲した自己概念を一貫して持ち

続けている場合、自己概念と経験の一致度が低いと考えられ、混乱や不安を招きやすい不適応状態であると考えられます。クライエント中心療法では、「優しい母」という自己概念とは矛盾する受け入れがたい経験であっても、クライエントが否認や歪曲することなくそのままを捉え、「自分は優しい母でありたいが、時には子どもに対してイライラする感情や息が詰まるような感覚も生じる」といったように、自己概念を柔軟に変えていく過程を援助し、自己概念と経験の一致度を高めることを目指していきます。

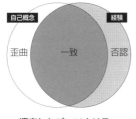

適応したパーソナリティ

不適応のパーソナリティ

ワンポイントレッスン

　ロジャーズは、クライエントが自己概念と経験を一致させていくには、カウンセリングの技法以上にカウンセラーの態度や両者の関係性が重要だと考えました。具体的には、カウンセラーとクライエントが対等で心のつながりのある関係性を持つこと、自己一致、無条件の肯定的配慮、共感的理解というカウンセラーの3つの基本的態度が十分に達成されていること、またこれらの態度がクライエントに伝わっていることを挙げ、クライエントのパーソナリティ変化にとって重要であるとしました。

カウンセラーの３つの基本的態度はクライエント中心療法におい
て中核をなすものと言えます。**自己一致**とは、カウンセラーがクラ
イエントとの関係において沸き上がった感情、感覚、思考に対して、
ありのままを素直に認識している状態のことです。生起してきた反
応はカウンセラーの内面的な感情、感覚、思考と一致している必要
があり、クライエントに伝えることが適当な場合に、それらを伝え
ていきます。**無条件の肯定的配慮**とは、クライエントの表現した内
容に対して、望ましい面もそうでない面も含めて、評価や批判をせ
ず、あるがままに受け入れることです。積極的かつ肯定的な関心を
向けられることで、クライエントは自身の経験をそのまま見つめ直
し、肯定的に自分を認め、自己概念を柔軟に変えていくことができ
るようになります。**共感的理解**とは、クライエントの内面の世界に
可能な限り近づけるようにしながらも、クライエントの感情に巻き
込まれずに、クライエントの内的世界をあたかもカウンセラー自身
のものであるかのように理解することです。クライエントならでは
の感情、感覚、思考を理解し、クライエントにその理解を返してい
くことによって、鏡のようにクライエントの内面を映し出し、クラ
イエントの自身に対する理解を助けます。これら３つの基本的態度
は、カウンセリング面接などでの非日常的な関係性の中で達成でき
るものであり、条件が整うことでクライエントは主体的に変容して
いくと考えられています。
　３つの基本的態度を備えたカウンセラーとの適切な関係性を通じ
て、クライエントはあるがままの自分とその問題に気づいて受け入
れられるようになり、自己概念と経験がより重なり合う自己一致し
た状態へと近づいていきます。このような自己洞察と自己受容を経
て、人間が本来持っている自己成長力や自己実現傾向が十分に発揮
されるようになります。クライエント中心療法の最大の目標は、自

己実現を達成したクライエントが自らの価値観や判断に基づいて問題を解決していける**十分に機能する人間**になることなのです。

覚えておきたいターム
☑ロジャーズ, C. R.　　☑非指示的カウンセリング　　☑自己実現
☑自己概念　　☑経験　　☑自己一致　　☑無条件の肯定的配慮　　☑共感的理解
☑十分に機能する人間

> ## 自らの問題に気づき、自らを受容し、
> ## 自らで問題を解決していく

原理

基礎理論

心理的アセスメント

カウンセリング

心理療法

精神疾患

5 領域の心理学

41
行動療法

解説

　行動療法とは、条件づけを中心とした学習理論に基づいて人間の不適応行動を変容させることを目的とした心理療法の総称であり、**アイゼンク, H. J.** によってその名称が広められました。行動療法の治療対象はクライエントの行動であり、クライエントの不適応行動は間違った学習の結果、もしくは、適切な学習の不足であると考えます。学習理論を応用してクライエントが自身の不適応行動を修正し、適切な行動を再学習できるようになることが治療目標になります。例えば、クライエントが高所恐怖症であれば、「高い場所へ行けない」という行動を治療の対象とし、「高い場所」＝「過剰に危険である」という誤学習が生じていると考えます。行動療法では「高い場所へ行けない」という行動を変容させるために、過剰に高い所を恐れてしまう反応に対して、あえて高い所に連れて行くなどの体験を通して修正を試み、安全な場所であれば高い所も行けるという適切な学習を習慣化していくことが治療になります。行動療法は過去に遡って行動の原因を探究する精神分析や、クライエントが中心となって内面に焦点を当てていくクライエント中心療法とは異なり、行動そのものに焦点を当てるため、言葉がまだ使えない幼児から高齢者、障害を持つ人も治療の対象になり得ます。また、心理臨床にとどまらず、しつけや教育、職業訓練や犯罪者の矯正など、行動の修正が有効な介入法となるあらゆる分野で広く適用されています。

ワンポイントレッスン

　行動療法の技法は主として古典的条件づけ、オペラント条件づけの理論に依拠して行われます。

　古典的条件づけとは、無条件刺激と条件刺激を対呈示して、条件刺激に対する新しい反応を獲得させる手続きのことで、それを応用した行動療法として、恐怖や不安を示す状況にあえてさらす**エクスポージャー法**があります。例えば、犬（条件刺激）に噛まれた体験（無条件刺激）から恐怖（無条件反応）を感じて以来、犬を見るだけで怖い（条件反応）と条件づけられた人には、その人をあえて犬に近づかせることで、条件反応である恐怖感を低減させていくようにします。

　オペラント条件づけとは、刺激を与えて自発的行動であるオペラント行動の生起頻度を変化させる手続きのことで、それを応用した行動療法としては、**トークン・エコノミー法**があります。クライエントが笑顔で挨拶するなどの望ましい行動をした時に代用貨幣であるトークンを与え、トークンが一定程度貯まるとご褒美と交換します。そして、人を叩くなどの不適応行動を起こした場合は、トークンを没収するといったルールをクライエントと決め、望ましい行動を増やし、不適応行動を減らしていく方法です。

覚えておきたいターム
☑アイゼンク, H. J.　☑古典的条件づけ　☑エクスポージャー法
☑オペラント条件づけ　☑トークン・エコノミー法

適切な行動を学習し、習慣化していく

42
認知行動療法

解説

　認知行動療法は物事への認知を修正して行動の変容を図る心理療法のことで、行動療法と認知療法の2つが起源となっています。行動療法は1950年代に体系化され、観察可能な行動を対象にした治療が盛んに行われていました。しかし、観察不可能な心の機能を軽視する**行動療法への批判**が高まったことや、認知心理学が台頭して認知的側面への理解が深まったことから、認知療法が誕生し発展していきました。行動療法と認知療法は互いに補い合い、融合しながら認知行動療法として体系化されていきました。

　認知行動療法には、相談者の状態やニーズに合わせて認知的技法や行動的技法を効果的に組み合わせて用いるという特徴があります。さまざまな技法があるものの、共通する最終目標は相談者の問題解決能力やセルフコントロール能力を向上させていくことです。そのため、面接の主体はあくまでも相談者にあり、治療者は協力者という立場で一緒に考え、試し、取り組んでいく治療関係である**協働経験主義**を原則としています。相談者が抱える問題についても治療者が一方的に分析するのではなく、治療者と相談者が意見を交わしながら認知行動療法の基本モデルに沿って理解していくことを重視します。また、明らかになった問題に対して面接で話をするだけでなく、日常生活の中で行う課題（ホームワーク）を出すことによって実際の日常場面での認知や行動を変える取組みを治療の中でサポー

トしていくのも特徴の1つです。認知行動療法は現在、うつ病やパニック症、強迫症など、多くの精神疾患に対する治療で介入効果が実証されており、薬物療法のような副作用がなく再発防止にも有効であるとされています。その反面、相談者の意欲や主体性が必要であり、認知や行動に働きかけて効果が出るまでに、ある程度の時間を要するといった側面もあります。

認知行動療法は、行動療法（第1世代）、行動療法と認知療法（第2世代）と発展し、現在もマインドフルネス認知療法（第3世代）など、次々に新しいモデルが生まれています。いずれも改善効果が科学的に実証されている**エビデンスベイスト・アプローチ**であることが重視されています。

認知行動療法の基本モデル

ワンポイントレッスン

認知行動療法のモデルに基づく心理療法として、認知療法、論理情動療法、ソーシャルスキル・トレーニング（SST）が挙げられます。

認知療法とは、**ベック, A. T.** が提唱した心理療法であり、否定的で悲観的な認知に働きかけ、相談者がより現実的で適応的な見方があることを自覚したり、不快な感情を改善させたりすることを目的

としています。ベックは出来事が問題を引き起こすのではなく、出来事に対する否定的な捉え方をする認知の歪みによって問題が生じると考えました。そして、認知の歪みは、特定の場面で瞬間的に頭に浮かんでくる考えやイメージである自動思考、思考や行動の枠組みであるスキーマ、そして自動思考を生じさせる偏った認知である推論の誤りの３つのレベルに現れるとしました。認知療法ではまず、注意を向ければ意識することが可能な自動思考の修正を試み、その過程で抑うつスキーマや推論の誤りが明らかになるようであれば、それらについても修正していきます。その際に支援者は一方的に説き伏せて相談者の認知を修正するのではなく、相談者が自ら気づきを得られるように質問を重ねていきます。さらにホームワークを通して紙に状況や自動思考の検討・修正、結果などを記入させて考えを修正する練習をしたり、活動スケジュールを作成し実際にやってみたりすることで、相談者が自身の力で認知や行動を変えていけるようにサポートしていきます。

　論理情動療法とは、**エリス, A.** によって創始されたＡＢＣＤＥ理論に基づく心理療法です。出来事そのものによって不快な感情や悩みが生じるのではなく、出来事 (active event：A) をどのように解釈するのかといった認知の在り方 (belief：B) によって感情や行動といった結果 (consequence：C) は変化するという考えのもと、認知の在り方である信念に働きかけていきます。信念には合理的な信念であるラショナルビリーフと非合理的な信念であるイラショナルビリーフがあり、イラショナルビリーフが抑うつや不安などの不健康な感情を導くとし、治療ではイラショナルビリーフの修正が行われます。治療者は相談者のイラショナルビリーフに対して、それがいかに非合理的な信念であるかを事実に基づく証拠を挙げながら論駁 (dispute：D) し、相談者に理解してもらいます。時には

相談者の思考の妥当性を明らかにするための行動実験を取り入れながら、相談者にイラショナルビリーフの代わりとなるラショナルビリーフを身につけさせ、自らで問題を解決して適応的な行動を取れる（effect：E）ようになることを目指していきます。

　ソーシャルスキル・トレーニング（ＳＳＴ）は社会生活技能訓練ともよばれ、精神医療領域ではリバーマン, R. P. らの来日を契機に広まりました。対人関係に問題が生じている場合、それを社会的スキルの誤学習または未学習と考え、不適切な行動を修正し、対人関係を構築して、円滑に保っていくために必要な行動を習得することを目的とします。ＳＳＴは行動療法のオペラント学習による原理と共にバンデューラ, A. のモデリング療法を重視したものになっています。そのため、数人のグループで行うことが多く、適切なスキルを使ってうまくいく例やスキルを使わないとうまくいかない例についてモデルや紙芝居などを通し、見て学んでいきます。そして、参加者は実際にうまくいく例をロールプレイで練習し、直後に治療者や他の参加者から肯定的なフィードバックを受けることによって適切な行動を強化していきます。ＳＳＴは、現在では発達療育領域においても取り入れられています。

覚えておきたいターム
☑行動療法への批判　☑協働経験主義　☑エビデンスベイスト・アプローチ
☑認知療法　☑ベック, A. T.　☑論理情動療法　☑エリス , A.
☑ソーシャルスキル・トレーニング

物事の捉え方が変われば行動も変わる

43
マインドフルネス

解説

　マインドフルネスとは、分子生物学者である**カバットジン, J.**によって医学に取り入れられた概念で、「今ここ」での体験に気づきを得て、評価することなく、ありのままを受け入れる態度や方法のことです。カバットジンは、マインドフルネスの実践法として**マインドフルネス瞑想法**を提唱しました。呼吸や身体の状態に意識を集中し、心身の感受性や集中力を高めていくことで、さまざまな刺激や苦痛から解放されることを目指す訓練です。また、8週間にわたるマインドフルネス実践プログラムとして、**マインドフルネスストレス低減法**を、長期的な痛みやストレスによる苦痛の緩和を目的に開発しました。治療を目的としたマインドフルネスは、仏教の分野における精神修行のような宗教色が省かれ、受け入れや目標に向かって行動することを通して治療的支援を行う**アクセプタンス＆コミットメントセラピー**や、ボーダーラインパーソナリティ症患者に対して感情や行動をコントロールできるように介入を行う**弁証法的行動療法**といった認知行動療法などにおいても用いられます。

ワンポイントレッスン

　マインドフルネスにおいては、自身の行動を思考優勢の「することモード」と感覚優勢の「あることモード」に分けて考えます。「することモード」は問題解決に向けた行動で、このモードを選択する

ことで過去と未来に思いを巡らせながら、現在をいかによく過ごす
か、乗り切るかを検討します。慌ただしい生活を送っていると、心
ここにあらずの状態で気持ちがさまざまなところに向かうので、仕
事に取り掛かっていても、これが終わったら気になっていたキッチ
ンの掃除をしよう、その後夕食には何を食べよう、などと考えたり
します。こうしたシーンは日常茶飯事ですが、マインドフルネスの
概念からは外れる思考プロセスです。常にこのモードに身を置けば
疲弊は免れませんが、時に「あることモード」に切り替え、あるが
ままの感覚、思考、感情に気づくことで、感覚を取り戻す一助とな
ります。例えば、食事後のお腹の満たされ具合に意識を向けたり、
お風呂で体の力がゆったりと抜けていくのを味わったりすることが
挙げられます。「あることモード」では、これまでの経験と比較して
何かを論理的に考えたり、批判したりせず、その場での出来事を中
立的に、評価することなく気づいている状態であると言えます。日
常生活においては、機敏に考えて動き、タスクを次々にこなしてい
く能力が評価されますが、常に「することモード」でいると疲労が
蓄積されやすくなります。マインドフルネスにおいては、この２つ
のモードをより容易に変換できるように訓練していきます。

覚えておきたいターム
☑カバットジン, J.　☑マインドフルネス瞑想法
☑マインドフルネスストレス低減法
☑アクセプタンス＆コミットメントセラピー　☑弁証法的行動療法

「今この瞬間」をありのままに受け入れる

44

セルフ・コンパッション

解説

　セルフ・コンパッションとは、**ネフ, K. D.** によって提唱された、仏教に由来する概念で、他人を思いやるように、自分自身にも思いやりを向け、苦痛をあるがままに受け入れることをいいます。セルフ・コンパッションは「自分への優しさ」、「共通の人間性」、「マインドフルネス」という3つの要素から成り立ちます。

　自分への優しさとは、自分自身を批判したり、裁いたりするのでなく、自己の苦しみを理解し、受容し、自分に優しく接することです。つまり、自らの欠点や失敗を責めるのではなく、それらを理解して認めることを意味します。**共通の人間性**とは、すべての人間は失敗し、間違いを犯し、何らかの形で力不足を感じていると認識することです。人は自分の欠点について考えたり、コントロールが不可能な困難な局面に遭遇したりすると、「どうして私だけ？」と孤立しているように感じ、自分の力不足を感じてしまうものです。しかし、そうした不完全さは自分だけではなく、誰しもが経験する人間の共通性であると意識すると、自らの弱点も、より広い包括的な視点から捉えることができるようになります。**マインドフルネス**とは、苦しみに過剰に反応することなく、心の中であるがままに捉える側面のことです。つまり、その時々の瞬間で起きていることに向かい合い、判断を加えないで受け入れることを意味します。セルフ・コンパッションを手に入れるためには、これら3つの要素を自分のもの

にして統合する必要があるとされています。私たちは自身への批判や問題の解決に気を取られがちで、痛み自体に目を向けられていないことがほとんどです。自身が抱えている苦痛にまず気づき、痛みが生じていること自体を受け止め、今の自分に何が必要であるかを見極めることで、「苦しんでいるから自分に優しくしよう」という、セルフ・コンパッションを持った考えができるようになります。

ワンポイントレッスン

　セルフ・コンパッションと関連した概念に自尊心があります。自尊心には、他者より優れていると認識する、他者から肯定的評価を受けるといった、他者視点を踏まえた自己評価が大きく影響します。したがって、他者の目に自分がどう映るか、他者からどのように評価されるかによって揺らぎが生じます。自尊心が、常に他者より優れているという評価を維持するための努力を要するのに対し、セルフ・コンパッションは、主体的にあるがままの自身を受け入れ、自らを慈しむことに重きを置いており、他者の存在に左右されません。否定的な出来事に対しても、「失敗は誰にでもある」、「長い目で見れば問題ない」という自身への問いかけをもって平静に向き合うことができ、否定的な感情を経験しにくいことがわかっています。

覚えておきたいターム
☑ネフ, K. D.　　☑自分へのやさしさ　　☑共通の人間性
☑マインドフルネス

自分を労り、自分に優しくする

45
自律訓練法

解説

　自律訓練法は**シュルツ, J. H.** によって考案された技法で、自己暗示によって腕や脚の感覚のモニタリングを通じて、心身をリラックスさせることを目的とした**自己催眠訓練法**です。一定の言語公式を心の中で反復的に唱え、その公式の内容によって体の部位にさりげなく注意を向ける**受動的注意集中**を行い、心理生理的な切り換えを図る方法です。適用できる症状が多く副作用も少ないため、病院臨床、教育、スポーツ、産業の領域において幅広く活用されていますが、言語を用いるため、ある程度の言語能力（小学校高学年程度）や訓練が必要とされています。ただし、一部の医学的疾患を有する患者への適用は、症状が悪化する恐れがあるため注意が必要です。効果について、心理的側面では、疲労の回復や気持ちの鎮静化、自己客観性の向上、衝動性の低下、心身の痛みや苦痛の緩和、仕事や学習の能率向上、自己向上性の増加が認められています。生理的側面では、皮膚温の上昇や血圧の低下、心拍数の減少、脳波の徐波化などが生じます。

　実施にあたっては、布団で仰向けになったり、椅子に座ったりして、閉眼状態で取り組みます。標準練習は背景公式と6つの公式から成り立ちます。公式とは各段階に当てられた「決められた短いフレーズ」であり、心の中で自分に言い聞かせるように復唱します。「気持ちが落ち着いている」という**背景公式**と、続く第1公式の「両腕

両脚が重い」から、第6公式の「額が涼しい」までの四肢の重感と温感を中心とした言語公式からなり

標準練習		
背景公式	安静練習	「気持ちが落ち着いている」
第1公式	四肢重感練習	「両腕両脚が重い」
第2公式	四肢温感練習	「両腕両脚が温かい」
第3公式	心臓調整練習	「心臓が規則正しく打っている」
第4公式	呼吸調整練習	「楽に呼吸をしている」
第5公式	腹部温感練習	「腹部が温かい」
第6公式	額部涼感練習	「額が涼しい」

ます。全段階を終えたら、閉眼したまま腕の曲げ伸ばしを数回行い、最後に背伸びをしながら深呼吸して開眼する消去動作を行います。

ワンポイントレッスン

　自律訓練法は、系統的脱感作法の筋弛緩段階におけるリラクゼーション法としても用いられています。一方、公式の通りに重感・温感などを感じようと頑張ってしまうと、筋緊張がもたらされるという矛盾が生じます。自律訓練法特有の注意の向け方である受動的注意集中では、訓練公式をあえてぼんやりと受け止め、ただ無心に唱え、体にさりげない注意を向けることを重視します。また、練習中に他の事柄に気を取られることがありますが、それらを積極的に排除していくことは受動的注意集中が妨げられるため、あるがままにして気にせずに、公式を唱えるようにします。

覚えておきたいターム
☑シュルツ, J. H.　　☑自己催眠　　☑受動的注意集中　　☑背景公式

四肢にさりげなく意識を向けてリラックスする

46

交流分析

　交流分析とは、アメリカの精神科医である**バーン, E.** が1950年代に開発した、パーソナリティとコミュニケーションに関する理論体系と、それに基づく人の交流に焦点を当てた治療法です。交流分析は、自我心理学という精神分析の考え方を基礎に置きながらも、人間性心理学の理念も取り入れています。

　交流分析では人と関わる行為全般を**ストローク**とよびます。相手を心地よくする肯定的なストロークもあれば、不快にさせる否定的なストロークもあります。また、交流分析には、構造分析、交流パターン分析、ゲーム分析、脚本分析という**4つ**の段階があります。交流分析では人間のパーソナリティに**3つの自我状態**があると想定しており、3つの自我の在り方やどの側面を重視しているかを分析する段階を**構造分析**とよびます。3つの自我とは、P（parent：親の自我状態）、A（adult：大人の自我状態）、C（child：子どもの自我状態）であり、さらにPはCP（critical parent：批判的な親）とNP（nurturing parent：養育的な親）の2つに、CはFC（free child：自由な子ども）、AC（adapted child：順応な子ども）の2つに分けられます。**やりとり分析**では、対人関係における相互作用を3つの自我の交流と考えて分析することで、自己の交流パターンの改善を目指します。そして、**ゲーム分析**では、対人関係において反復される、両者に不快感情が生まれるような非生産的なパターンを「ゲーム」という概

念で捉え、自らのゲームに気づきこのパターンを脱却することを目指します。**脚本分析**では人生を１つの「脚本」と捉え、その中で自ずと従ってしまっている役割や筋書きについて分析し、不適応的な脚本を修正します。脚本分析は人生早期の養育者とのふれ合いや環境に基づいて描かれた脚本をより良く書き換えて、本来の自分を取り戻すことを目指しており、交流分析の最終目標とされています。

ワンポイントレッスン

バーンの弟子にあたるデュセイ, J. M. は、交流分析の考え方からエゴグラムを開発しました。**エゴグラム**とは各々が５つの自我状態のどの部分に心的エネルギーを費やしているかを視覚化し、グラフで表したものです。エゴグラムは構造分析において、自分の自我状態を把握するために用いられます。日本においては、これらの５つの自我状態を質問紙によって測定し、エゴグラムとして表す東大式エゴグラム（ＴＥＧ）が開発され、現在も性格検査の１つとして広く用いられています。東大式エゴグラムは交流分析の考え方を元にしているため、病理の査定というよりも自己理解の促進として用いられることも多く、医療現場のみならず教育現場や産業分野など、領域を問わずに活用されています。

覚えておきたいターム

☑バーン, E.　☑ストローク　☑３つの自我状態　☑構造分析
☑やりとり分析　☑ゲーム分析　☑脚本分析　☑エゴグラム

人との交流パターンを分析することで
本来の自分を取り戻していく

47

芸術療法

解説

　芸術療法とは、芸術・表現活動を通して心の奥にある葛藤や問題を理解し、癒しや成長を促していく心理療法の総称です。言葉を通して気づきや変容を目指すカウンセリングとは異なり、クライエントの五感を使った、言葉では表せない表現過程を、セラピストと共に体験し、味わうことに重きを置いています。そのため、言語をまだ十分に扱えない子どもや内面を語ることにためらいのある人にも心理療法を始める取っ掛かりになりやすく、表現活動を通してその個人の抱えている問題を理解する手がかりになることもあります。また、芸術療法はセラピストがクライエントの表現活動を温かく見守る、場合によっては共同作業を行うことから、両者の感情的な交流を促進し、信頼関係を強化する役割も果たします。お互いの関係がしっかりと構築された中で、クライエントが抑圧された感情や葛藤を何らかの形で表出したときに心の緊張が緩和される**カタルシス**や、攻撃的な衝動などに見られる余剰なエネルギーが芸術的な表現活動によって消費される**昇華**などが起きることがあり、心の治癒につながるとされています。ただし、芸術療法は表現した世界と現実を混同してしまう、今まで気づかなかった葛藤に突然直面化する、といった可能性もあるため、始める前にクライエントの状態を見極める必要があります。このような特徴から芸術療法は、神経症やうつ病、寛解期の統合失調症、認知症、子どもの不適応行動などさま

ざまな心理的問題に対して、技法を吟味した上で活用されています。

ワンポイントレッスン

　芸術療法の代表的な技法として、絵画療法、箱庭療法、コラージュ療法が挙げられます。**絵画療法**はクライエントに絵を描いて内面を表現してもらい、その絵を分析することでパーソナリティを把握する技法であり、自由画法と課題画法に分けられます。自由画法は好きなように描いてもらうことで個人の深層心理に沿った表現が可能であり、課題画法は題材を指定することで過去の描画や他のクライエントの描画との比較ができます。**箱庭療法**ではクライエントが、内側が青く塗られた箱庭、触り心地のよい砂、色々な種類のミニチュア玩具を自由に使って内的世界を形作り、それをセラピストと体験していきます。**コラージュ療法**では、雑誌や新聞の気に入った絵、写真、文字を切り抜き、台紙に貼って、クライエントは心のイメージを自由に表現します。日頃から見慣れた題材を使う、台紙に貼る題材をクライエント自らが選ぶことから、比較的安全に実施できる心理療法と言えるでしょう。いずれの技法においても、表現されたものの芸術性の解釈よりも、表現活動をすること自体に心理療法としての意味があるとされています。

覚えておきたいターム
☑カタルシス　☑昇華　☑絵画療法　☑箱庭療法　☑コラージュ療法

何を創るかよりも創ること自体に意味がある

48
ゲシュタルト療法

解説

　ゲシュタルト療法とは、**パールズ, F. S.** により創始された心理療法の1つです。ゲシュタルトとはドイツ語で「まとまりを持った形」、「全体」、「統合」などを意味します。この言葉の通り、ゲシュタルト療法では、自己から排除された一面に気づき、それらを自己に取り入れて統合することを目指します。個人が無意識に捉えている考えや感情、身体感覚への気づきを重ね、不統合を統合へ、部分がまとまりを持った全体へと変化していくことが、ゲシュタルト療法の中心的な過程になります。また、生育歴などの過去の体験に焦点を当てることよりも「**今、ここ**」での体験を重視し、注意を向けることで気づきを得ることも特徴の1つです。このように、まさに今この瞬間の体験を重視する態度や、人間を一面的な存在ではなく**全体性**を持った一人の人間として考える在り方から、ゲシュタルト療法は、クライエント中心療法や交流分析、フォーカシングなどとともに、**人間性心理学**の立場を取った療法であると考えられています。

　さて、ゲシュタルト療法において要となる気づきの過程について、パールズは図と地を用いて説明しています。**図と地**とは元々は知覚に関する概念で、視野に2つの領域が存在するとき、形として浮き出て知覚される部分を「図」、形を持たずに背景となる部分を「地」とよびます。例えば、右ページの図では黒い部分を図として見たとき2つの顔が向かい合っているように見え、白い部分は地と見なさ

れ知覚されません。逆に白い部分を図
として見たときは盃に見え、黒い部分
が地となります。パールズはこの考え
を人間の体験にも当てはめ、自分が意
識している部分や関心事を図、存在は
しているが意識していない部分を地と
よびました。気づきとは、意識してい

ない部分が地から図に上がってくる過程を指しますが、この図に上
がって来たものに注意を向け、言語化したり行動に表したりするこ
とで、より広い視野を獲得できると考えられています。

ワンポイントレッスン

　ゲシュタルト療法の具体的な技法についていくつか紹介します。
ホット・シート（エンプティ・チェア）は、目の前の椅子に自分と
葛藤関係にある他者、もしくは自分自身が座っているとイメージし
て対話を試みる技法です。他には、見た夢の登場人物や事物になっ
てみて、夢を「今、ここ」の体験として再現する夢のワークや、擬
人法を使って肩や腰などの身体の部位になったつもりで言語的に表
現して気づきを得るボディ・ワークなどの技法があります。

覚えておきたいターム
☑パールズ, F. S.　☑「今、ここ」　☑全体性　☑人間性心理学
☑図と地　☑ホットシート

一部分だけに目を向けずに全体で捉える

右側縦書き：原理　基礎理論　心理的アセスメント　カウンセリング　**心理療法**　精神疾患　5 領域の心理学

49
ナラティブセラピー

解説

　ナラティブセラピーとは、**社会構成主義**や**ポストモダン**の影響を
受け発展した心理療法であり、クライエントが語る主観的な体験か
らなる物語に働きかけることによって、新たに**物語の再構築**を行い、
問題を解決していくことを目指します。ナラティブセラピーではク
ライエントが抱えている問題を「社会との相互作用によって作られ
た独自の価値観や常識に影響を受けた物語を描いている状態であり、
その物語に合うようにクライエントの認知や体験理解が歪曲されて
しまっている状態」と考えます。聴き手であるセラピストはクライ
エントの物語に対して正しいとか間違っているといった判断や、ア
ドバイス、批判をせずに、**無知の姿勢**で聴き、**対話**を続け、クライ
エントと一緒に物語を検索していきます。その過程でクライエント
が主体性を取り戻し、自分自身で物語を新しく書き換えることがで
きたとき、問題であったことが問題ではなくなり、不適応を解消す
ることができると考えられています。このような特徴からＰＴＳＤ
の治療や児童精神科臨床、スクールカウンセリングにおいて活用さ
れている一方、言語的理解やコミュニケーションに困難がある知的
障害児や認知症患者には適用が難しいとされています。

ワンポイントレッスン

　それではナラティブセラピーでは、どのような過程で物語の書き

換えが行われるかを見ていきましょう。クライエントは自らの信念や価値観にとらわれ、マイナスな経験をつなぎ合わせた物語を作ってだめな自分について語るなど、問題をアイデンティティの一部として**内在化**している場合があります。そのため、セラピストはその内在化している問題をクライエントから切り離す**外在化**を試みます。例えば、クライエントが「自分は引っ込み思案で大事な場面でうまくいかない」と思い込んでいる場合、どのような場面で引っ込み思案だと感じるのか、そしてその思い込みがどの程度のもので、どのくらいの期間クライエントに影響を与えているのかを話してもらいます。また時には問題自体に「人見知り君」などの名前を付けたり、キャラクター付けをして擬人化することもあります。こうした言語化や擬人化などを通してクライエントと問題を切り離して外在化することで、クライエントは「問題＝だめな自分」という見方を修正し、外部にある問題とそれに苦しめられている自分というように、問題を客観視できるようになります。そして、今までの物語において適応できていた例外を発見するようになり、新たな物語を再構築し、問題から解放されていくのです。ナラティブセラピーではこのようなセラピストとの対話を繰り返し、クライエントが主体的に自分ならではの物語の意味を創造していく過程が重視されています。

覚えておきたいターム

☑社会構成主義　☑ポストモダン　☑物語の再構築　☑無知の姿勢
☑対話　☑内在化　☑外在化

問題を内包する物語を新しく書き換える

50
日本の心理療法

解説

　日本の心理療法は、日本で開発され、日本古来の文化や風土、思想が反映された治療技法のことであり、主に森田療法、内観療法、臨床動作法が挙げられます。

　森田療法とは森田正馬（まさたけ）によって創始された心理療法であり、不安症、強迫症、身体症状症など、以前は神経症とよばれていた疾患を対象にした技法です。森田は神経症になる人の特徴として、自身の不調について敏感で気に病む傾向である**ヒポコンドリー性基調**を挙げました。そして、この素質を持った人は、不快な感覚が生じた場合にその感覚に注意を集中するため、その不快感が一層高まってしまう**精神交互作用**という悪循環が生じやすいとしました。さらに、神経質性格の人々は「こうあるべき」や「こうあらねばならない」といった考えから、不快な感覚を排除しようとする傾向が強く、かえってそれにとらわれてしまう状態を作っていると考えました。森田はヒポコンドリー性基調という素質やより完璧に生きたいという生の欲望を強く持つことで生じる神経症を**森田神経質**とよび、そのとらわれから抜け出し、あるがままを受け入れられるように援助を行いました。入院治療では、症状や不安へのとらわれから脱することを目的とし、絶対臥褥（がじょく）期、軽作業期、重作業期、生活訓練期の4段階の介入を行います。絶対臥褥期では隔離された一室で食事や排せつといった行動以外、一日中横になったまま過ごし、症状や不安

に抗わずそのままの状態でいることを指示されます。軽作業期では、絶対臥褥期と同じ環境の中で、日中は本の音読や掃除、日記をつけるなどの軽作業を行います。重作業期では、隔離された環境から脱し、畑仕事、大工仕事、庭づくりなどの共同作業を行います。生活訓練期では行動範囲を広げ、買い物や病院からの通学や通勤、外泊などを通して社会生活を送れるようにしていきます。

ワンポイントレッスン

　内観療法とは、浄土真宗の一派で行われていた修業法である**身調べ**をもとに吉本伊信が改善し発展させた心理療法であり、過去に自身と関わりの深かった人に対して「してもらったこと」、「して返したこと」、「迷惑をかけたこと」について内省をする技法です。病院や内観研究所で一週間、朝から夜まで内省に専念する**集中内観**と集中内観後に自宅で内省を短時間行う日常内観があります。**臨床動作法**は、脳性麻痺児の肢体不自由の動作改善を目的とした技法です。クライエントは不適切な緊張を解きほぐし、種々の動作を通して身体の動きを実感し、自己を制御する方法を学んでいきます。近年では適切な動作を体験することで、自閉症や統合失調症などの疾患における心の不調を改善させていく**動作療法**が展開されています。

覚えておきたいターム
☑森田療法　☑ヒポコンドリー性基調　☑精神交互作用　☑森田神経質
☑内観療法　☑身調べ　☑集中内観　☑臨床動作法　☑動作療法

日本の思想を取り入れた心理療法で
心身への気づきを深めていく

51
遊戯療法

解説

　遊戯療法は、言語能力が未発達な子どもを対象に、言語の代わりに遊ぶことを通して自己表現を促す心理療法です。通常の心理療法では言葉を介してのやり取りが行われますが、遊戯療法は言葉でのやり取りがそれほど必要ではないため、言語能力の未熟な子どもが心的世界を表現するのに適した方法であるとされています。子どもは遊びの中で何をしても自由で、守られていると感じることで、さまざまな行動を通して心的世界を表現していきます。セラピストは子どもの遊びや表現を受容し、関係性を築いていくことで治療的な効果を発揮することになります。この時、大人は子どもが何で遊ぶかや、どんな遊具を使うかに注意を向けがちですが、遊戯療法で重要なのは遊びの内容や道具よりも、むしろ子どもとセラピストとの間の安全で守られた関係性にあると言えます。

　アクスライン, V. M. は、クライエント中心療法の考え方を遊戯療法に当てはめて、セラピストが取るべき態度として「**アクスラインの8原則**」を挙げました。その原則とは、①温かくて友好的な関係を作る、②子どものあるがままを受容する、③許容的な雰囲気を作る、④子どもの感情を敏感に察知し伝え返す、⑤子どもの選択と責任を尊重する、⑥非指示的な態度を取る、⑦子どものペースでの進行を信じる、⑧必要な制限を与える、というものです。元々はアクスラインが提唱した児童中心療法の中で定められた原則ですが、

現在では流派を超えて、遊戯療法の基本原則として広く用いられています。

ワンポイントレッスン

アクスラインの８原則にもあるように、遊戯療法では枠と**制限**が重要な役割を担います。枠とは遊戯療法を行う構造のことで、遊戯療法は週１回40〜50分間という決められた時間枠の中で、**プレイルーム**とよばれる部屋を用いて行われるのが一般的です。また、誰かに妨げられたりすることなく、セラピストと２人でプレイルームの中で自由に遊ぶのが基本ですが、セラピストやプレイルームの玩具などに対する過度な攻撃や、物を持ち帰ろうとするなど、治療的な枠から逸脱するような行動が出てきた場合には、制限する場合もあり得ます。例えば、プレイルームの中で表現した物はプレイルームの中に留めるという制限を設けたりします。このように、一定の枠や制限を持つことが、治療枠の中で守られている安心感を与えることにつながり、枠の中でさらに自由に遊ぶことができるようになります。また、ありのままの自分を表現することで、子どもは遊びを通して**カタルシス効果**を得ることができ、内的な葛藤を解消したり、内的な成長を促すと考えられています。

覚えておきたいターム
☑アクスライン, V. M.　☑アクスラインの８原則　☑制限
☑プレイルーム　☑カタルシス効果

制限があるからこそ自由に遊ぶことができる

52

家族療法

解説

　家族療法は、個人に焦点を当てる心理療法とは異なり、家族全体を1つのシステムとして捉え、家族全体に働きかけて支援をする心理療法です。家族療法では、症状や問題を表している人に対して、その人個人の課題であると捉えるのではなく、家族全体の病理や**家族システムの機能不全**がたまたま顕在化している人として捉え、ⅠP（Identified Patient）とよぶのが特徴的です。また、家族療法では、ⅠPが表している問題について、例えば「母親の愛情が足りないから子どもが他児にいじわるをする」というように、物事を原因－結果の直線的な因果関係で捉える**直線的因果律**の考え方をとりません。「子どもが他児にいじわるをする」ことの背景に、例えば「母親の厳しいしつけがある」、「父親の不在と無関心」など、家族システムの中でのさまざまな要因が相互に関わりあって、家族全体に作用しているという**円環的因果律**の考え方をとります。つまり、「子どもが他児にいじわるをする」という問題の原因を、家族の構成メンバーの一人だけに帰するのではなく、父親の行為が母親に影響を与え、母親の行為が子どもに影響を与え、子どもの行為が父親に影響を与えていると捉えるのが、家族療法における円環的因果律の考え方です。

　さて、家族を1つのシステムと捉えるとき、そのシステム内にはいくつかの階層が存在します。すなわち、夫婦、きょうだい、母子、

原　理

基　礎　理　論

心理的アセスメント

カウンセリング

心　理　療　法

精　神　疾　患

5 領域の心理学

父子など家族内のより小さな集団は、家族の**下位システム**に当たります。そのさらに下位にあるシステムは、家族の構成メンバー一人ひとりとなります。一方、いくつかの家族が集まった親族や一族としての集団は、家族の**上位システム**に当たります。

　こうした家族を1つのまとまりとするシステム論は、ベイトソン, G. が二重拘束説を提案したことで発展したと言われています。**二重拘束説**（ダブルバインド）とは、矛盾する言語的メッセージと非言語的メッセージが同時に送られて混乱状態になることが日常的に繰り返されることで、精神疾患が発症するのではないかと考える説です。例えば、子どもをピアニストにしたいと日頃から言っている親が、ピアノの練習をしたくない子どもに対して、「もうピアノの練習はしなくていい。ピアノはやめなさい」と怒鳴るとき、「ピアノをやめなさい」という言語的なメッセージと、練習をしないことを怒鳴るという行為が発する「ピアノの練習をしなさい」という暗黙の命令が同時に存在します。言われた子どもは、親の命令を額面通りに受け取ってピアノをやめてよいのか、日頃から感じ取る「ピアニストになりなさい」という親のメッセージを汲み取ってピアノの練習を続けるべきか、という選択肢の間で、混乱をきたすことになります。こうした二重拘束説から個人の内面だけでなく、個人に対する家族の影響力にも焦点が当たるようになり、家族療法が発展していくことになったのです。

ワンポイントレッスン

　家族療法にはさまざまな技法が存在します。家族療法の最初に行うのがジョイニングです。一般的な心理療法でも、クライエントとセラピストがラポールと言われる信頼関係を構築することが重要です。同様に、家族が数人集まって行われる家族療法でも、セラピス

トと家族の間に信頼関係を築くことが重要であり、そのためにセラピストがする働きかけが**ジョイニング**です。支援対象となる家族が持っている雰囲気や家族特有の文化、あるいは家族間の力関係やシステムの構造をセラピストが知り、家族の中に入り込んで溶け込むようにすることで、対象の家族と信頼関係を築いていく過程です。その具体的な方法の1つに「多方向への肩入れ」があります。支援対象となる家族メンバーがそれぞれ違った考え方や主張をしている場合でも、セラピストが各メンバーに「肩入れ」、つまり一人ひとりの味方であると思ってもらえるような働きかけをしていく方法です。セラピストによって受容されることで、味方になってもらい、大切に思われているという実感を得ることで、各人がセラピストとの信頼関係を築いていくことに役立ちます。ジョイニングと多方向への肩入れは、家族療法の効果をもたらすために必要不可欠な方法です。

　また、エナクトメントとよばれる技法も、家族療法における特徴的な技法です。**エナクメント**とは、日頃の家族のやり取りの様子や場面を、セラピストが質問したり指示したりしながら、家族メンバーがセラピストの前で実演する技法のことです。言語的なやり取りだけでなく実演してみることで、セラピストによる家族への理解がより深まり、分析や解釈に役立ちます。また同時に、やり取りを再現することは、改めて家族の各メンバーが自分たちのコミュニケーションのパターンや状況に気づくことにも貢献します。セラピストが再現場面の中で、質問をしたり指示を出したりしていくことで、家族は気づきと共に変容が促され、今までとは違ったやり方を実践する機会につながっていくのです。

　家族療法の技法でもあるリフレーミングは、家族療法という枠を

超えて、多くの心理療法で使われている技法です。**リフレーミング**は、フレームを変えることに由来する言葉であり、今起こっていることや考え方を違った視点や枠組みで捉え直すことで、肯定的な意味づけに変えていくことをいいます。とりわけ家族療法では、今起きている問題や現実を捉え直し、意味づけを変えていくことで、家族システムの変容を促すことに役立ちます。例えば、家族団らん中に子どもが機嫌を損ねて部屋に閉じこもってしまい、それを他の家族メンバーから「自分勝手」、「家族から逃げている」と意味づけられている時、「子どもは一人で気持ちのコントロールをしようとしている」、「家族に混乱を生じさせないための子どもなりの工夫である」とリフレーミングすることで、他の家族メンバーに新しい行動や考え方が生まれ、変化を導きます。

覚えておきたいターム

☑家族システム　☑機能不全　☑ＩＰ　☑直線的因果律
☑円環的因果律　☑下位システム　☑上位システム　☑二重拘束説
☑ジョイニング　☑エナクトメント　☑リフレーミング

> # 機能不全に陥った家族システムが
> # 健全に機能するように働きかける

53
集団療法

解説

　複数の人を対象として同時に行う心理療法の総称を集団療法といいます。個人に対して行う心理療法と同様に、一人ひとりのメンバーのパーソナリティや行動の変容を目指して行われますが、集団療法では複数の人が集まって相互に影響し合う力を用いて、治療を行っていくのが特徴です。しかし、集団の力は治療的に働くだけでなく、破壊的に働く可能性もあります。そのため、集団療法のセラピストは、**ファシリテーター**として集団に参加し、集団の持つ力を信じて、メンバーの構成や相互作用に十分な配慮をしながらセラピーを進める必要があります。例えば、遅刻をした人や前回欠席をした人が疎外感を感じないように配慮をしたり、メンバー同士の相性や関係性によって治療に効果的な力を生み出すように促したり、排他的な雰囲気を感じたらそのことに気づき、対処するよう働きかけるなどが重要になってきます。

　代表的な集団療法として、エンカウンターグループや心理劇（サイコドラマ）が挙げられます。ロジャーズ, C. R. によって始められた**エンカウンターグループ**は、ベーシック・エンカウンターグループともよばれ、10名前後の参加者とファシリテーターで構成されることが一般的です。グループセッションは、参加者同士の対話を中心としながら行われ、参加者は、「今、ここ」で起こっていることや心で感じていることに焦点を当て、自分の気持ちを素直に言葉に

して表現していくことで、新たな気づきや出会い、自己理解を深めていきます。

　モレノ，J. L. による**心理劇**（サイコドラマ）も代表的な集団療法の１つです。監督（ディレクター）のもと、あるメンバーの心の中の世界や出来事を、台本のない即興劇にしてメンバー全員で表現することで、他者への共感性や新たな自分への気づきを深めます。心理劇は、セラピストが演じる「監督」、劇の中心的な役を演じる「主役」、監督や主役をサポートする「補助自我」、観劇する人に当たる「観客」、劇を演じる空間の「舞台」で構成されています。セッションは、自己紹介や軽い運動などを行うウォーミングアップから始まり、劇を行う準備を整えていきます。メンバーの中から主役を選び、劇を行った後、その劇によって想起された自身の体験や、引き起こされた感情を共有するシェアリングの時間が設けられます。

　この他、家族の複数のメンバーを対象として、家族システムが健全に機能していくように支援していく家族療法や、社会性の向上を目指して、対人場面の会話表現や感情表現といったスキルを獲得するソーシャルスキル・トレーニング（ＳＳＴ）なども、広義の集団療法といわれています。

ワンポイントレッスン

　集団療法の中でも、特徴的なのがセルフ・ヘルプ・グループです。**セルフ・ヘルプ・グループ**は、自助グループともよばれており、同じ悩みや問題を抱えた人達がお互いに援助し合うグループです。他の集団療法と大きく異なるのは、セラピストや指導者を置かないことです。同じ問題を抱えた当事者のみが参加し、専門家が運営に携わらないことが最大の特徴です。このように、同じ悩みや問題を抱える当事者同士が語り合い、助け合うことで、各々の問題の解決を

目指します。

　現在、日本にはさまざまなセルフ・ヘルプ・グループがあり、中でもアルコールやギャンブル、薬物などの依存症者のグループや、依存症者を持つ家族のグループが広く知られています。その他には、大切な人を亡くした人や、命にかかわる大病を体験した人、最近では、大切なペットを亡くした人を対象としたグループなど、多岐にわたる問題を扱うセルフ・ヘルプ・グループが存在しています。例えば、アルコール依存症に関連するセルフ・ヘルプ・グループは、励まし合いながら断酒を続け、アルコールの問題からの回復を目指す「断酒会」や、匿名性を重視しながらアルコールにとらわれない生活を目指す「アルコホーリクス・アノニマス」、アルコール依存症者の家族や友人といった身近な人が、体験や気持ちを語り合って理解を深めていく「アラノン」などが存在します。これらのセルフ・ヘルプ・グループを通して、問題を抱える本人やその家族などが、支え合いながら問題を乗り越えるために日々活動しています。

覚えておきたいターム
☑ファシリテーター　☑エンカウンターグループ　☑心理劇
☑セルフ・ヘルプ・グループ

集団の力を信じて支え合う

Chap.6 精神疾患

こころの病の原因や対処を知る

54

病態水準

解説

　病態水準とは、精神疾患の重症度を表す分類のことです。精神機能の働き具合や成熟度に応じて、何段階かに分けて評価します。精神医学において、パーソナリティや気質と精神疾患の重症度とを関連させたさまざまな理論がこれまでに提唱されていますが、近年では、カーンバーグ, O. F. のパーソナリティ構造論に基づく分類が最もよく知られています。従来の精神医学では、神経症か精神病かという観点から精神疾患の重症度を判断することが広く行われていました。しかし、当初は神経症と見立てた患者に精神病のような症状が出現する事例もあり、両者を明確に分けることが難しいという見解が20世紀前半から現れ始めました。そして、1950年代に入ると、神経症と精神病の中間の状態を想定する境界例という言葉が使われるようになります。1960年代以降は、カーンバーグを含む多くの研究者が、パーソナリティの障害という観点から境界例を捉えるようになりました。その後、境界性パーソナリティ障害という診断名がDSM－Ⅲに取り入れられたこととも相まって、カーンバーグの病態水準論に関する研究はさらに発展していきました。

ワンポイントレッスン

　カーンバーグの病態水準論では、同一性の統合性、防衛操作、現実検討という３つの観点に着目します。**同一性の統合性**とは、自我

同一性の確立の程度と、自他の境界の明確さを表します。同一性が確立されていないと、打ち込むべき仕事や社会的役割が定まりにくくなります。また、自他の境界が明確ではないと、他者と適切な距離感を保って接することが難しいため、情緒面も対人関係のあり方も不安定になる傾向が見られます。**防衛操作**は、高次の防衛機制と未熟な防衛機制である原始的防衛機制のどちらが優勢かという点と、防衛機制の使い方の適切さから判断されます。原始的防衛機制が多用されたり、高次の防衛機制であっても偏った使い方になったりすると不適応が生じやすくなります。**現実検討**は、現実の出来事と心の中の出来事とを区別し、物事を現実に則して評価できる能力のことです。現実検討ができないと、実際の出来事と想像上の出来事とを混同して妄想が生じ、さらに、そうした自分の症状が病的であると認識できない病識欠如の状態が見られるようになります。そして、これらの3つの機能の背後に想定される自我や対象関係のあり方を**パーソナリティ構造**として捉え、その発達程度に基づいて神経症水準、境界例水準、精神病水準に分類します（次ページの表を参照）。

　神経症水準は、同一性は統合され、抑圧などの高次の防衛機制を主に用い、現実検討は保たれています。例えば、一過性に抑うつや不眠を呈している適応反応症の人などは神経症水準であることが多いでしょう。なお、特に大きな症状や社会的不適応が生じていない、いわば正常な水準の人も神経症水準に含まれます。**境界例水準**になると、同一性は拡散傾向にあり、未熟な原始的防衛機制が用いられることが多く、時に現実検討が損なわれます。パーソナリティ症の人のほとんどがこの水準に該当します。**精神病水準**では、同一性が統合されておらず自他の境界が不明瞭で、原始的防衛機制が中心に用いられ、現実検討能力に乏しいことが特徴です。統合失調症や妄想症といった重篤な疾患を有する人は、精神病水準の可能性が高い

と言えます。境界例水準の中でも比較的病態が悪くないクライエントの場合、ある程度高次の防衛機制が使えて現実検討も良好に見えるため、カウンセリングでクライエントの話を聴く限りでは神経症水準という見立てになることもあります。しかし、心理検査を実施してより深層部分もアセスメントしていくと、原始的防衛機制の存在が示唆され、面接時の見立てと心理検査の見立てが大きく異なるような場合もあります。神経症水準であればカウンセリングが有効であっても、境界例水準や精神病水準の場合はカウンセリングによって病状を悪化させることもあるため、注意が必要です。

	神経症水準	境界例水準	精神病水準
同一性の統合性	統合	拡散傾向	拡散
防衛操作	高次の防衛機制を主に用いる	原始的防衛機制も見られる	原始的防衛機制を主に用いる
現実検討	保たれている	時に損なわれる	乏しい

　神経症水準と境界例水準とを区別する上では、同一性が統合されているかどうかと、原始的防衛機制が見られるかどうかがポイントになります。境界例水準と精神病水準とを区別するにあたっては、現実検討が保たれているかどうかが特に重要となります。これらの病態水準の違いは、パーソナリティ形成や対人関係のあり方にも影響を及ぼします。しかし、病態水準は一生変わらないものではなく、不安が高まることで一時的に揺れ動くこともあります。また、時間をかけてカウンセリングを受けることによって、低次の水準からより高次の水準に変化していく可能性もあります。

　例えば、これまで現実検討が保たれ、仕事に対してもやりがいを感じて取り組み、社会適応に特に問題がなかった人が、非常に大きなストレスが積み重なったことで普段用いている防衛機制が上手く機能しなくなり、一時的に抑うつ状態を呈したとします。この人はあまりに不安が高まると、仕事の進捗が遅くて上司が常に怒ってい

るのではないかと被害的な考えをすることが最近はあるようです。抑うつ状態に陥るまでの経過を考慮すると、現実検討が保たれ、仕事にやりがいを感じているところから同一性が概ね確立されていると考えられ、この人の病態水準は基本的には神経症水準だと言えそうです。しかし、心理的負荷が過剰になった場合は、高次の防衛機制が機能しなくなる、現実検討が損なわれて被害的思考に陥るなど、境界例水準以下のような特徴が見られる場合もあるのです。ただし、そのような場合は不安やストレスが解消されれば、元の神経症水準の状態に戻ることが多いです。また、思春期においては、急激に混乱を示し、あたかも統合失調症のような精神病水準の症状を呈するものの、しばらく経過すると速やかに回復して、その後は目立った症状も不適応も見られなくなるという事例も見られます。こうした事例があることも踏まえると、病態水準の見立てはある程度の振れ幅を想定しながら行うことが望ましいと言えるでしょう。

　カーンバーグの理論を含めて病態水準論は定義づけが曖昧になりやすく、理論的なエビデンスを示しづらいといった批判もあります。しかし、患者の症状やその背後にある精神機能の状態、そしてそれらの揺れ動きを把握し、一人ひとりに則したアセスメントと支援を行うためには欠かせない視点なのです。

覚えておきたいターム

☑同一性の統合性　☑防衛操作　☑現実検討　☑パーソナリティ構造
☑神経症水準　☑境界例水準　☑精神病水準

正常から異常への揺れ動きを見定める

原理

基礎理論

心理的アセスメント

カウンセリング

心理療法

精神疾患

5 領域の心理学

55
うつ病・双極症

解説

　気分とは一定期間持続する感情のことをいいます。日常生活において、誰しも気分が上がったり下がったりすることがあるはずです。うつ病と双極症は、通常とは異なる気分の程度と持続期間に問題が見られ、そしてそれらに伴う心身の症状によって日常生活に支障を来す精神疾患です。なお、気分の落ち込みが生じている状態を**抑うつエピソード**、気分の高揚が生じている状態を**躁病エピソード**とよびます。

　うつ病は、抑うつ気分と興味または喜びの喪失の症状を主とし、加えて下記の症状が見られる精神疾患です。なお、一日の中で抑うつ気分に波があることを**日内気分変動**といい、朝に気分が落ち込むものの、午後になると落ち込みが軽くなったりします。

主症状

抑うつ気分	興味または喜びの喪失
1日中、落ち込みや悲しみ、空虚感がみられる	これまで興味があったことに対して、興味がわかない、喜びを感じにくい

食欲（体重）の減退・増加	不眠、過眠	精神運動性の消耗・制止
食べてもおいしいと感じない、食欲がない、食べすぎてしまう	寝つきが悪い、夜中や早朝に目が覚める、寝すぎてしまう	焦りを感じてソワソワする、動作や反応が鈍い

易疲労性、気力の減退	無価値感、罪悪感	思考力や集中力の減退
ちょっとしたことで疲れやすい、気力がない	自分に価値がないと思う、自分を責める	判断や決断ができない、集中が持続しない

死についての反復思考、自殺念慮、自殺計画
死・あるいは自殺について考える、
自殺を計画・実行する

原理　基礎理論　心理的アセスメント　カウンセリング　心理療法

うつ病は**自殺**の大きなリスクファクターです。うつ病になると、漠然と死ぬことについて考える希死念慮や、具体的に自殺について考える自殺念慮を抱くこともあります。また、うつ症状が重症の場合、自分に価値が無いと思う無価値観や、自分を責める罪責感が妄想的な程度まで至ることもあります。

うつ病の治療法として、薬物療法では主に**抗うつ薬**が用いられます。うつ病では脳内のセロトニンやノルアドレナリンという**神経伝達物質**が不足しているというモノアミン仮説があり、それに基づいて主な抗うつ薬として、脳内のセロトニンを増やすＳＳＲＩ、セロトニンやノルアドレナリンを増やすＳＮＲＩが用いられます。うつ病に有効な心理療法としては、主に**認知行動療法**が挙げられます。認知行動療法では、うつ病に関わる特有の認知の歪みを修正し、必要以上に落ち込んだり不安になったりせず、適応的な日常生活を送れるようにすることを目標にします。

双極症は躁病エピソードと抑うつエピソードを繰り返す精神疾患です。躁病エピソードとしては、気分の持続的・異常な高揚、亢進した活動や活力の他、色々とアイデアがわき、考えがまとまらなくなる**観念奔逸**や、さまざまなことに注意が向いてイライラしやすい**易刺激性**、自尊心が肥大したり、何でもできそうな万能感を呈したりするなどの精神症状が見られます。また、多弁・多動や睡眠欲求の減少、さらには金銭の無駄遣い、食欲や性欲の亢進といった身体症状が表れることもあります。こうした症状が表れても本人はその異常性に気づかず、病識は薄いとされています。双極症の症状としては、次ページの図のようなものが代表的です。

精神疾患　5領域の心理学

気分の持続的・異常な高揚、易怒性、亢進した活動や活力
異常な程「ハイ」な状態になる、ささいなことで怒りやすくなる、
エネルギーに満ち溢れ、絶えず動き回る

自尊心の肥大・誇大
「自分はすごい・何でもできる」という万能感を持つ

睡眠欲求の減少
寝る必要を感じにくくなる

多弁
普段よりおしゃべりになる、
話す速度が速くなる

観念奔逸
次々に色々な考えやアイディアがわき
考えがまとまらない

注意散漫、易刺激性
色々なことに注意が向く、
イライラしやすい

目的志向性の活動の増加、精神運動性の焦燥
仕事や付き合いなどの活動量が増加する、
じっとしていられない

金銭の無駄遣い、食欲・性欲の亢進
買いあさり、性的に無分別な行動をするなど

　上記の症状が少なくとも一週間続き、日常生活に大きく支障が出る、あるいは入院治療が必要であるほどの躁状態を呈する場合には双極症Ⅰ型と診断されます。一方、日常生活に大きく支障を来さない軽躁状態を示す状態であれば双極症Ⅱ型とよばれます。躁病エピソードの場合、活動的になってかえって「仕事がはかどる」など、本人にとっては快い状態になることで、治療の必要性を認識しづらいことが多いです。逆に抑うつエピソードの場合は、本人が苦痛を感じ、病院を受診する傾向にあります。ここで注意が必要なのが、うつ状態にある双極症の患者に抗うつ薬での治療を行うと、躁状態に転ずる**躁転**が生じたり、症状の悪化を引き起こすリスクが高まったりすることです。そのため、治療者はうつ症状を呈しているからすぐにうつ病と判断せず、双極症かうつ病かを見極めることが求められます。なお、躁転は薬剤の影響だけではなく、生活環境やライフイベントによるストレス、対人関係などがきっかけで生じることもあります。

　双極症の治療は主に薬物療法です。まず、気分の波を安定させる気分安定薬が挙げられます。また、従来てんかんの症状に用いられ

る抗てんかん薬が、気分安定の効果があることから双極症にも適用されています。非薬物療法として、再発予防や気分のコントロールの方法などに関する**心理教育**が有効だと言われています。

ワンポイントレッスン

うつ病の主症状の１つに抑うつ気分がありますが、抑うつ気分があまり目立たない、あるいは自覚症状として現れにくい場合があります。その代わりに頭痛、腹痛、下痢、めまいといった身体症状が前面に現れることがあり、これを**仮面うつ病**といいます。本人はうつ症状に無自覚で体に問題があると思い、内科などを受診しますが、検査では異常が見られず、うつ病だと判明するまでに時間がかかるケースが多いとされています。仮面うつ病は、気分の落ち込みを認めず、元気であろうと頑張ってしまう人に見られやすいと言われています。

覚えておきたいターム

☑抑うつエピソード ☑躁病エピソード ☑日内気分変動 ☑自殺
☑抗うつ薬 ☑神経伝達物質 ☑認知行動療法 ☑観念奔逸 ☑易刺激性
☑躁転 ☑心理教育 ☑仮面うつ病

いつもと違う気分の上がり下がりに要注意

原理

基礎理論

心理的アセスメント

カウンセリング

心理療法

精神疾患

5 領域の心理学

56
統合失調症

解説

　統合失調症は、思考、感情、知覚といった機能をまとめることに困難が生じる精神疾患です。発症率は約1％で、思春期から青年期にかけて好発し、神経伝達物質であるドパミンの過剰分泌やストレスなどが要因とされていますが、はっきりとはわかっていません。かつては「精神分裂病」とよばれ、不治の病と誤ったイメージを持たれていましたが、適切な治療により回復も可能な疾患です。

　統合失調症の症状は、陽性症状、陰性症状、認知機能障害に大別することができます。**陽性症状**は通常経験しないことが生じる症状で、妄想と幻覚を中心とした症状です。妄想とは現実とはかけ離れたことに対して強く確信し、周囲が訂正しようとしてもその考えを変えることができない状態を指します。また、幻覚とは実際にはないものをあるように感じる知覚のことで、周りに人がいないのに人の声や音が聞こえる幻聴も出現しやすくなります。**陰性症状**は本来あるべきものがなくなる症状で、意欲の喪失や喜怒哀楽といった感情が乏しくなるなど、基本的な精神活動が減退する症状です。そして、**認知機能障害**は、注意・集中力、記憶力、問題解決能力、遂行機能などの認知機能が損なわれることをいいます。

　一般的な治療経過として、発症早期は**急性期**とよばれ、激しい陽性症状が見られます。薬物療法を中心とした治療を行い、その後陽性症状が軽減する**回復期**、そして徐々に精神的に安定する**安定期**を

たどります。回復期を迎えて症状が落ち着いたとしても、人によってはかなりの年数の経過をたどることになり、その間に再発する場合もあります。そのため、症状が治まり、比較的安定した状態になる**寛解**を目指して援助を行っていきます。

ワンポイントレッスン

統合失調症への治療としては急性期には薬物療法が有効であり、主に脳内のドパミンの働きを抑える抗精神病薬が用いられます。また、必要に応じて入院治療が行われ、症状の鎮静化が図られます。回復期になると、認知機能の向上や社会復帰に向けた心理社会的リハビリテーションを行うことで、低下した社会・生活機能の回復を目指します。また、最近では**リカバリー**という概念が重視されています。**リカバリー**とは「特に障害による種々の制限を持ちながらも希望を実現し、満足する生活を送る」ことを意味します。我が国の精神科病棟における長期入院患者の疾患として最も多いのが統合失調症です。そのため彼らの社会復帰や自立した生活に向けての継続的支援が肝要です。リカバリーの概念を基盤として、上述した支援で症状を安定させつつ、患者が他者との相互関係を持ち、主体的に社会生活を送れるようなプロセスを構築することが課題と言えます。

覚えておきたいターム
☑陽性症状　☑陰性症状　☑認知機能障害　☑急性期　☑回復期
☑安定期　☑寛解　☑リカバリー

> # 思考や行動がまとまらなくなる

原理　基礎理論　心理的アセスメント　カウンセリング　心理療法

精神疾患

5 領域の心理学

57

不安症

解説

　不安や恐怖は誰しもが抱くことのある感情であり、望ましくない結果を回避するために役立つものでもあります。しかし、これらの感情があまりに強くなり、長期にわたることで、日常生活に支障が出る状態は不安症とよばれます。ＤＳＭ－５－ＴＲでは**不安症群**のカテゴリー内に、以下に挙げるような具体的な診断名が含まれています。

　分離不安症では、愛着を抱いている対象から離れることに対して、年齢に不相応な強い不安を呈します。**場面緘黙**は子どもに多く見られ、自宅などの慣れた場面では話ができるにもかかわらず、学校のような社会的場面では話すことができない疾患です。**社交不安症**では、人前で話す、誰かと食事をするなど、他者から注目される可能性がある場面で強い不安を感じます。**パニック症**は、きっかけもなく突然強い不安、動悸、呼吸困難などを呈するパニック発作が繰り返し生じる疾患であり、また発作が起きるかもしれないという予期不安が見られます。**全般不安症**は、仕事、学業、健康、対人関係などの多数のことが不安の対象となり、対象が特定されずに、不安が長く続きます。そして、不安を感じない日よりも感じる日の方が多いことを特徴とします。また、不安症には恐怖症も含まれます。**限局性恐怖症**は、特定の対象に対して強い恐怖を示す疾患で、動物や高所・閉所などが恐怖の対象になります。**広場恐怖症**は、電車やバ

スなどの公共交通機関や映画館の中のような広い場所、人混みの中に居るときに、過剰な恐怖を感じる疾患です。

ワンポイントレッスン

　不安症は、心配性や完璧主義といった元来のパーソナリティ傾向に、生活上の強いストレスなどが組み合わさって生じると考えられています。ただし、不安症状は不安症以外の精神疾患や身体疾患、薬物の影響で生じることもあるため、鑑別が重要になります。

　不安症の人の支援には薬物療法も用いられますが、薬物療法よりも認知行動療法の有効性が高いことが示されています。認知行動療法の代表的な技法であるエクスポージャー法は、不安を喚起する刺激を回避するのではなく、段階を追って不安刺激に晒して慣れさせることで不安を軽減する方法です。パニック症であれば電車に乗ることが、社交不安症であれば人前で話すことなどが強い不安を生じさせますが、不安な状況を回避する安全行動だけをしていると、電車に乗ってみると意外と大丈夫だったといった経験がいつまでもできず、不安と安全行動だけが続くことになります。カウンセラーの支援のもとで安心を感じながら、不安の対象に過剰反応しないで済むようにしていくことが、不安症の改善につながるとされています。

覚えておきたいターム

☑不安症群　☑分離不安症　☑場面緘黙　☑社交不安症
☑パニック症　☑全般不安症　☑限局性恐怖症　☑広場恐怖症

> # 何でもないことがたまらなく不安に感じる

原理

基礎理論　心理的アセスメント　カウンセリング　心理療法

精神疾患

5領域の心理学

58
強迫症

　強迫症は、強い不安感をもたらす考えである**強迫観念**が繰り返し想起され、その観念を解消するための**強迫行為**が反復的に行われる精神疾患です。家の鍵をかけたかが心配になったので途中まで出かけたけれども確認しに戻った、汚れが落ちていない気がして何度か手を洗うといったことは、誰でも経験したことがあるかもしれません。しかし、こうした不安や確認行為の頻度があまりに高まり、何度も鍵閉めを確認するので毎日遅刻してしまう、家に帰ると何時間も手を洗っているなど、日常生活に支障が出るようになると、強迫症として治療の対象となります。強迫症を有する人自身も、頭では「そこまで心配しなくても大丈夫だろう」と思っていながらも、意思とは無関係に強迫観念が頭に繰り返し浮かび、強迫行為を行わないと不安で仕方なくなってしまうのです。

　強迫症状としては、不潔恐怖や洗浄強迫が代表的です。例えば、**不潔恐怖**があると、汚れや細菌が付いている気がして、ドアノブに直接は触れなくなります。そして、**洗浄強迫**があると、外出時に着ていた服の汚れが落ちていない気がして何度も洗濯するといった症状を呈します。その他には、交通事故も何も起こしていないのに、知らないうちに自分が車で人を轢いてしまったのではないかと不安になり、何度もニュースを確認してしまうような加害恐怖を抱く人もいます。また、決まった手順で物事を行わないと不安になるため、

仕事や家事を決まった順番で進める、決まった配置で物が置かれていないと落ち着かないといった症状が見られることもあります。

ワンポイントレッスン

　強迫症の治療としては、脳内のセロトニン濃度を上昇させるＳＳＲＩなどを用いた薬物療法と認知行動療法を組み合わせることが有効であるとされています。治療法としてその有効性が確認されている認知行動療法の技法の1つが、**暴露反応妨害法**です。この方法ではカウンセラーの指導のもと、不安や不適応的な行動を喚起する状況にあえて自分を暴露させるのと同時に、その不安を鎮めるために普段なら取るはずの強迫行為をしないようにクライエントに試してもらいます。そうして、自らの反応を妨害してみて少しずつ不安に向き合い、対処していけるようにするのです。普段は、強迫行為で不安が少し緩和されるように感じるので、強迫行為がエスカレートしていくこともあります。それだけに、不安を回避するためにいつも頼りにしている行為を禁じられることは、強迫症を有する人にとっては非常に強い不安を喚起します。しかし、強迫行為を制止してみることによって、強迫行為をしないからといって、恐れているようなことは必ずしも生じないことを実感することができます。これにより、少しずつ強迫行為を減少させることを目指します。

覚えておきたいターム

☑強迫観念　　☑強迫行為　　☑不潔恐怖　　☑洗浄強迫　　☑暴露反応妨害法

不合理だとわかってはいるけどやめられない

原理

基礎理論

心理的アセスメント

カウンセリング

心理療法

精神疾患

5領域の心理学

59
PTSD

解説

　ＰＴＳＤ（心的外傷後ストレス症）は、ＤＳＭ－５－ＴＲにおける心的外傷及びストレス因関連症群に分類されます。ＰＴＳＤの生涯有病率は１％程度とされ、生命を脅かすほどの危機的で衝撃的な出来事を経験する**心的外傷体験**によって、多様な身体的・精神的症状を呈する病態のことを指します。ＰＴＳＤの発症のきっかけとしては、ＤＶや虐待、犯罪、交通事故、災害、戦争などが挙げられます。また、出来事を直接体験した人だけでなく、目撃者や遺族、話を聞いた第三者にも生じる可能性があります。

　ＰＴＳＤの中核症状には、再体験症状、回避症状、認知・気分の陰性変化、過覚醒症状の４つがあります。**再体験症状**はフラッシュバックともいい、患者の意志と関係なく外傷体験が思い出され、あたかも再体験されているかのように感じられたり、悪夢といったコントロールが利かない形で再現されたりすることです。**回避症状**では、外傷体験に関連する記憶や感情を持続的に回避する、外傷体験を想起させる人や場所などを避けるといった傾向が見られます。**認知・気分の陰性の変化**では、外傷体験にまつわる重大な情報を健忘する、物事への興味や関心を喪失する、家族や配偶者といった近しい人との関係性が希薄になることがあります。**過覚醒症状**では、緊張や不眠などから過覚醒が生じ、長期間にわたる易怒性、集中力の低下による反応性の著しい変化、睡眠障害などが認められます。こ

れらの中核症状が、心的外傷体験を経験して1ヶ月以内に収まる場合は**急性ストレス症**（ASD）、1ヶ月以上継続して現れる場合はPTSDと診断され、より慢性化した障害として区別されます。

ワンポイントレッスン

　PTSDに対する治療としては、呼吸法やリラクゼーション法を用いたストレスの低減、SSRIなどを用いた薬物療法、さらには認知行動療法による介入が有効とされています。代表的な心理療法として、EMDRや持続エクスポージャーが挙げられます。**EMDR**（眼球運動による脱感作と再処理法）は、左右にリズミカルに振られる治療者の指運動を目で追いながら外傷体験を想起することを通じて記憶の再処理を進めることで、トラウマ体験から距離が取れ、不安や恐怖が軽減されて自己治癒力が促進される心理療法です。**持続エクスポージャー**とは、安全な環境下で外傷体験に関連する苦痛に暴露させたり、外傷体験を想起させて自らの気持ちを治療者と話し合ったりすることでトラウマを受け止められるようにする心理療法で、PTSDに対する精神療法として高い治療効果があるとされています。

覚えておきたいターム

☑心的外傷体験　☑再体験症状　☑回避症状　☑認知・気分の陰性の変化
☑過覚醒症状　☑急性ストレス症　☑EMDR
☑持続エクスポージャー

過去のつらい経験と向き合い
不安や恐怖に囚われないようにする

原理

基礎理論　心理的アセスメント　カウンセリング　心理療法

精神疾患

5 領域の心理学

60
汎適応症候群

解説

　汎適応症候群とは、**セリエ, H.** が提唱したストレス学説の概念であり、生体が寒冷、騒音、中毒、炎症、感染、怒り、緊張、不安といった**ストレスの要因となるストレッサー**にさらされ続けたとき、そのストレッサーの種類とは無関係に生体に共通して現れる生理的な反応のことです。例えば、副腎皮質の肥大、胸腺・脾臓・リンパ節の萎縮、胃・十二指腸の潰瘍および出血など、主に自律神経系、内分泌系および免疫系の機能変動による変化が関与しており、これらの症状はストレッサーに対して抵抗しようとするストレス反応であると考えられています。

　汎適応症候群は警告期、抵抗期、疲憊期（ひはい）の３つの段階に分けられます。**警告期**はストレッサーが生じた直後から始まり、ストレスに耐えるために身体が準備をする時期です。最初、ストレッサーによるショックを受けるため、一時的に生体の抵抗力は下がり、体温・血圧・血糖値の低下、神経活動の鈍化、筋弛緩、副腎皮質機能の低下などが生じますが、徐々に生体の防衛反応が現れ始め、体温・血圧・血糖値の上昇、筋緊張の促進、副腎皮質の肥大などが見られ、ストレッサーに対処するために抵抗力が上昇します。この状態を放置すると**抵抗期**に移行し、ストレッサーに対する抵抗力がさらに強くなっていきます。生体機能が徐々に活性化し、一時的に苦痛となる症状が弱まるため、一見、安定しているように見える時期ですが、

原理

基礎理論

心理的アセスメント

カウンセリング

心理療法

精神疾患

5領域の心理学

血圧の上昇、胃酸分泌の増加、血糖値の上昇など、病気のリスクが増大している状況でもあります。抵抗期の間にストレッサーを取り除くなどの適切な対処を行えば、健康を取り戻すことも可能ですが、それがうまくいかない場合、緊張の持続に耐えられず、生理的反応も限界に達するため、抵抗力は徐々に弱まっていき、**疲憊期**へと移行します。疲憊期では抵抗力がさらに下がっていき、警告期初期のような症状が再度現れ、生体機能の低下が見られるようになります。さらに、重篤な身体・精神疾患へとつながることもあり、最も危険な状態とされています。

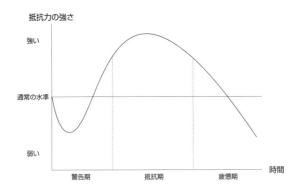

ワンポイントレッスン

　セリエの汎適応症候群の研究は、ストレッサーに対して生体が共通した生理的反応を示すことを強調したものでした。例えば、「近所で夜な夜な続く騒音のせいで頭痛がするようになった」、「試験前に緊張で体調を崩してしまった」のように、さまざまなストレッサーに対する生理的反応について、汎適応症候群の概念で説明できるようになり、その後のストレス研究に大きな影響を与えました。

　しかし、同じストレッサーがある状況でも心身に影響が出る人も

いれば、出ない人もいます。会社から転勤を言い渡されて「見知ら
ぬ土地でやっていけるだろうか」と悩む人もいれば、「新しい場所
で成長する機会をもらえた」と捉える人もいるでしょう。このよう
に、出来事に対する受け止め方や考え方は個人によって異なるとい
う心理学的な要因に注目したのが**ラザルス, R. S.** らです。セリエの
研究を引継ぎ、ラザルスらは同じストレッサーがある状況でもスト
レス反応に個人差が生じることを説明する**認知的評価モデル**を提唱
しました。認知的評価モデルには、ストレッサーになる出来事が「自
分にとって脅威であるかどうか」を評価する一次的評価と、その出
来事を「自分が対処できるかどうか」を評価する二次的評価の2種
類があります。この2種類の認知的評価が個人のストレス反応の有
無や強度に影響を及ぼしていると考えます。例えば、「試験前に体
調を崩す」という先ほどの例では、一次的評価で「この試験で悪い
成績をとったら、自分は価値のない人間だ」と考え、二次的評価で
「どんなに頑張っても良い成績は取れない」と考えるからこそ、試
験という出来事が強烈なストレッサーとなり、体調を崩すというス
トレス反応が生じてしまったと考えられます。一方、一次的評価で
「試験の成績が悪くても友人関係が充実しているからよい」、「この
試験で成績が悪くてもまた次がある」などと考えたり、二次的評価
で「ゲームで遊んでいる時間を試験勉強に充てれば何とかなるだろ
う」、「先生にわからない問題を質問して理解を深めれば、良い点
数が取れるはずだ」というように考えたりすると、試験はそれほど
のストレッサーにはならず、試験前に体調を崩すようなストレス反
応は出ないと推測できるでしょう。

　さらに、ラザルスは二次的評価で考えたストレスの対処法を意識
的に選択して実行する**ストレス・コーピング**によって、ストレス反
応を軽減できると考えました。ゲームに充てていた時間を試験勉強

に回す、わからない問題を先生に質問するというように、ストレッサーに対する直接的な対処行動をすることを**問題焦点化型コーピング**といいます。また、気持ちを落ち着かせるために部屋の掃除をする、友人に試験について相談し気持ちを紛らわせるといったように、ストレッサーに起因する自分の不快な情動や身体の緊張を緩和させる対処行動を取ることを**情動焦点化型コーピング**といいます。どちらのストレス・コーピングにも過度なストレス反応を防ぐ効果があり、自分にとってうまく機能するストレス・コーピングを見つけて再活用していくことが望ましいとされています。

　このようにラザルスは、セリエの汎適応症候群の研究が示すようにストレッサーがストレス反応にそのまま直結すると考えるのではなく、ストレッサーに対する認知の仕方や対処行動がストレス反応に影響を及ぼすことを見出しました。そして、ラザルスによる心理学的観点を取り入れたストレス理論は、その後のストレス研究の礎となっていったのです。

覚えておきたいターム

☑セリエ, H.　☑ストレス　☑ストレッサー　☑警告期　☑抵抗期
☑疲憊期　☑ラザルス, R. S.　☑認知的評価モデル
☑ストレス・コーピング　☑問題焦点化型コーピング
☑情動焦点化型コーピング

ストレスにうまくコーピングする

61

解離症

解説

解離症とは、解離や離人感といった症状を特徴とする疾患群のことです。**解離**とは、意識、記憶、自己像などの、本来は統合されているべき精神機能が、部分的あるいは全体的に統合されない状態を指します。解離は心的外傷となるような大きなストレスから、無意識に自己を守るために生じることが多いとされています。**離人感**は、自分の感覚、身体、意志などが自分と切り離されているように感じる症状です。作業に集中している間に名前を呼ばれたがまったく気づかなかった、自分のことを言われているのに他人事のように聞いていたなど、一過性の解離や離人感は誰にでも生じ得ます。しかし、解離症に至ると、こうした状態が長期間続いて日常生活に支障を来たすようになります。

解離や離人感を呈する疾患としては、自己に関する情報を思い出せない**解離性健忘**、記憶のみならず自己同一性が断片化してしまう**解離性同一症**、記憶や現実検討能力は保たれているものの、離人感を示し、現実感が失われたような感覚を体験する**離人感・現実感消失症**があります。解離性同一症は、かつては多重人格ともよばれていましたが、意識をうまく統合できず、それにより同一性の破綻まで生じている病態として理解されています。また、解離性健忘の一種として、突然失踪して遠くの土地で発見された人が、どうやってそこまで行ったのか覚えていないという解離性とん走が見られるこ

ともあります。解離症における健忘は、脳損傷などによる健忘や通常の物忘れなどとは区別されます。

ワンポイントレッスン

　解離症は心的外傷と関連していることが多いため、心的外傷に対する心理療法が解離症の支援においても有効です。なお、解離症状を示している人が、家庭内暴力を受けるなど現実的な危機にさらされている最中である場合は、まず環境調整を優先して、それから心理的・社会的な支援を行う必要があります。支援を進めるためには、支援者とクライエントとが信頼関係を築くことが欠かせませんが、心的外傷を経験した人にとってはそれも容易なことではありません。支援者によって助けられるどころか傷つけられるのではないかと恐れたり、治療費を搾取されるのではないかと疑念を抱いたりすることもあります。傷つくことに敏感になっているクライエントとは、根気よく丁寧に関係性を構築していくことが、特に重要になります。抑うつや不安が強い場合などは医療と連携して薬物療法を併用することで症状を和らげたり、ＥＭＤＲ（眼球運動による脱感作と再処理法）を実施したりすることが役立つこともあります。

覚えておきたいターム
☑解離　☑離人感　☑解離性健忘　☑解離性同一症
☑離人感・現実感消失症

深い心の傷から自らを切り離して
自己を守ろうとする

62
身体症状症

　身体症状症は、ＤＳＭ－５－ＴＲにおいて「身体症状症及び関連症群」に含まれる精神疾患です。日常生活に差し支えが出るような身体症状を訴えるにもかかわらず、医学的には説明不能で、その症状について強い不安を抱いていることを特徴とします。例えば、痛み、疲労感、吐き気などのさまざまな症状が見られますが、一貫した傾向は見られず、症状の種類や発生部位が変わることもあります。身体症状症は、心理社会的要因に起因する精神疾患であり、精神科での治療や心理療法が適用されます。身体症状の原因として身体疾患が特定されれば診断自体が変わり、内科などでの身体的治療が優先されます。なお、ＤＳＭ－Ⅳでは**身体表現性障害**という名称が用いられていました。身体疾患では説明できない身体症状が認められる点は変わりませんが、身体症状症においては、症状に対する心理的なとらわれが強いことが診断において重視されるようになっています。

　身体症状症と混同されやすい症候群として**心身症**があります。心身症の発症や経過にも心理社会的要因が大きく関与していますが、心身症には身体症状に対応する身体疾患が明確に存在する点が、身体症状症と異なります。例えば、胃痛を訴える患者さんについて、胃内視鏡検査により胃潰瘍が確認でき、また、その潰瘍が心因性と判断できる場合は心身症と言えるでしょう。胃潰瘍は感染症などに

よって生じることもありますが、心理社会的要因に起因する場合は、心身症としての胃潰瘍ということになります。

　身体症状症や心身症は、心の中で抱えきれない葛藤が身体化していると考えられています。普段弱音を吐かずに感情を抑えて物事に取り組んでいるような人に身体化が生じやすく、心理療法を通じて心理的負荷を言語化したり、カウンセラーとつらさや葛藤を共有したりすることが助けとなります。

ワンポイントレッスン

　「身体症状症および関連症群」には、病気不安症や変換症も含まれます。**病気不安症**は、以前は心気症とよばれていた疾患で、自分が重い病気を患っているか、病気にかかりつつあるという考えにとらわれる疾患です。しかし、実際には身体症状は認められないか、あったとしてもごく軽度です。健康に対する強い不安があるため、何度も検査を受けたり、むしろ病院受診を避けたりする特徴が見られます。**機能性神経学的症状症**（変換症）は、身体部位の麻痺や感覚の変化、けいれんといった神経疾患に見られるような症状を訴えるものの、神経学・解剖学的に本来想定される病像と一致しないときに診断されます。例えば、麻痺を訴える患者さんにおいて、神経に異常があれば生じないはずの反射が正常に認められたりします。

覚えておきたいターム
☑身体表現性障害　☑心身症　☑病気不安症　☑機能性神経学的症状症

身体を通じて表れる心の葛藤

63

摂食症

解説

　摂食症とは、食行動における何らかの異常であり、拒食症とよばれる神経性やせ症と過食症とよばれる神経性過食症を主に指します。太ることへの恐怖心や歪んだボディイメージなどへの心理的介入、また絶食や自発的嘔吐、下剤などの医薬品の乱用といった**代償行動**や低体重による内蔵機能低下などへの身体的介入の双方が不可欠となります。患者の比率は女性の方が９割と圧倒的に多く、思春期・青年期から成人期早期にかけて好発します。体重を減らす行為の隠蔽や、病的な痩せへの自己認識の乏しさから、医療機関にかかっていない未受診患者も相当数いると言われています。

　神経性やせ症では、客観的には明らかに痩せてはいるものの、当人は「太りすぎている」と受け取る認知の歪みを持ち、体重増加を妨げる行動を続けます。標準体重の85％以下で低栄養が疑われ、徐脈や無月経が生じやすくなりますが、当人の病識が乏しいのが特徴です。神経性やせ症は、過食・排出型および摂食制限型の２つに分類されます。過食・排出型では３ヶ月以上にわたって過食または自発的嘔吐や下剤、浣腸など医薬品を用いての排出行動が反復的に行われます。摂食制限型ではそれらが認められません。

　神経性過食症では、食物摂取への制御が利かなくなることから自己嫌悪感が生じ、無気力や抑うつ感が表れます。また、体重増加を

防ぐ代償行動として頻繁な嘔吐や下剤の乱用が見られ、集中力や思考力の低下も認められます。代償行動が必ずしも伴わないものを**むちゃ食い症**（過食性障害）といい、むちゃ食いを繰り返すため肥満状態であることが多いです。空腹でなくとも苦しいほどに詰め込んだりしますが、当人はむちゃ食い行動に苦痛を感じており、**過食**を隠すために人と食事を摂らなかったりします。

ワンポイントレッスン

　痩せていることをよしとする社会的風潮や過度のダイエット願望、ライフイベント上のストレスなど多数の要因が関与して摂食症に至るとされています。まずは心理教育によって病識の薄い患者自身に症状を認識させつつ、適切な食事指導を行っていきます。また、症状が維持される背景メカニズムの一例として、「個人的ストレッサー」（親子関係、環境的変化、発達過程など）と「個人変数」（完全主義、自尊感情の低さなど）と「社会・文化的変数」（痩身は美しいなど）が関係し合うことが挙げられます。その結果、体重のコントロールが解決への糸口であるという非合理的信念が作り出されます。こうした認知の歪みの変容には認知行動療法が用いられます。

覚えておきたいターム
☑歪んだボディイメージ　☑代償行動　☑神経性やせ症
☑神経性過食症　☑むちゃ食い症

> # 偏った思い込みによる食行動の異常

原理

基礎理論

心理的アセスメント

カウンセリング

心理療法

精神疾患

5 領域の心理学

64

睡眠障害

解説

　睡眠障害は、入眠、睡眠維持、覚醒や、睡眠中の行動などに異常を呈する障害の総称です。睡眠障害が生じると、適度な量や質の睡眠が取れず、日中に眠気や倦怠感が生じるなどして日常生活に悪影響が出ます。睡眠障害は、ストレスを含む心理的要因やうつ病などの精神疾患から生じる場合もあれば、睡眠リズムが不規則になる仕事をしているなどの生活習慣上の要因や、呼吸器系疾患などの身体的要因から生じる場合もあります。したがって、その原因をよく見極めることが重要です。

　主な睡眠障害には、睡眠の開始と維持が困難になり、満足がいく量または質の睡眠が確保できなくなる**不眠障害**、長時間寝ても熟眠感が得られず日中に強い眠気が生じる過眠障害、睡眠中に何度も呼吸が止まる睡眠時無呼吸症候群、体内の睡眠と覚醒のリズムが崩れて望ましい時間帯に睡眠が取れなくなる概日リズム睡眠・覚醒障害群などがあります。

ワンポイントレッスン

　睡眠障害の中で最も多く見られるのは不眠障害です。不眠症状は、寝つきが悪い**入眠困難**、途中で何度も目が覚める**中途覚醒**、予定していた起床時間より早く目が覚めてそのまま眠れなくなる**早朝覚醒**、ある程度の時間寝てもぐっすり寝た感覚が得られない**熟眠障害**に大

別され、多くの場合はこれらが組み合わされて生じます。また、不眠症状が続くことでそのことへの不安感が増し、眠ろうと意識すればするほど眠れなくなる状態を**精神生理性不眠症**といいます。

　睡眠障害の原因が不明であったり、心理的な要因が背景にあると想定されたりする場合には、薬物療法や心理療法が治療の選択肢となりますが、関節痛がひどくて眠れないなどのように、身体疾患が睡眠障害を引き起こしている場合は、その原疾患の治療が優先されます。認知行動療法は薬物療法と比べて安全性が高く、有効性も示されていることから、即効性がある薬物療法で対症的な治療を行いながら、認知行動療法で心理的負荷を和らげていくことが有効です。

　ここで、昇進により慣れない業務も責任も残業も増えてしまい、入眠困難を呈してクリニックを受診した人を例に挙げてみましょう。まずは、不眠の要因をアセスメントする必要があります。その結果、この人は責任感が非常に強く、よく眠って完璧な体調で業務に臨まないとプロジェクトが崩壊してしまうという非合理的な信念があると仮説を立てたとします。その信念が寝つきを悪くしているのだとしたら、非合理的な認知や信念を修正できるように心理療法で取り組むことが、この人の入眠困難の緩和に役立つ可能性があります。

覚えておきたいターム

☑不眠障害　☑入眠困難　☑中途覚醒　☑早朝覚醒　☑熟眠障害
☑精神生理性不眠症

眠ろうとすればするほど眠れなくなる

65

依存症

解説

　依存症とは、自身や家族に不利益があること、日常生活に支障を来たしていることを認識しているにもかかわらず、アルコールや薬物の使用、ギャンブル行為などに対する衝動をコントロールすることが困難になっている状態のことをいいます。依存症は専門的には「嗜癖」や「アディクション」とよばれ、ＤＳＭ－５－ＴＲでは**物質関連症及び嗜癖症群**と示されています。その中でもアルコール、たばこ、覚せい剤、危険ドラッグといった精神作用物質に対する依存については、物質関連症群の中の**物質使用症**とし、パチンコ、スロット、競馬といったギャンブル行動に対する嗜癖については、非物質関連症群の中の**ギャンブル行動症**として分類されています。

　依存症は、ライフイベント上の困難を抱えていたり、自己効力感が低かったり、周囲に馴染めず生きづらさや空虚感を抱えていたりする人が、ほんの軽い気持ちでアルコール、薬物、ギャンブルに手を伸ばすことから始まります。それらを通して高揚感、多幸感、興奮が得られると、刺激を一層求めるようになり、習慣化していきます。次第に同じ量や金額では満足できなくなり、止めようとしても不眠、抑うつ、不安、発汗、焦燥といった離脱症状とよばれる不快な心身症状が現れるようになるため、自分で調整することが難しくなっていきます。さらに強い刺激を求めて進行していくと、心身の健康が脅かされる上に、家庭内暴力や借金などの問題が生じるケー

スも多く、周りの家族にも多大な影響を与えていきます。

　依存症の治療としては、当事者が自身で変わろうとする力を引き出し、治療意欲を高める**動機づけ面接**、当事者や家族に対する心理教育、ストレスマネジメントによるストレス耐性の向上とストレスコーピングスキルの習得、依存に至る認知を修正する認知行動療法などがあります。また、治療と同時に、当事者同士で話をして悩みや体験を共有する**自助グループ**への参加が本人の病識や動機づけを高め、治療継続や回復に有効とされています。

ワンポイントレッスン

　インターネットの急速な普及に伴って問題が顕在化してきたのが、**インターネットゲーム行動症**です。子ども達も含めて大半の人がスマホを持ち、いつでもオンライン上の人間関係とつながり、ゲーム、ＳＮＳ、アプリが気軽にできるようになったことで、自覚のないまま、これらにのめり込んでいくケースが増えています。遅刻や欠勤、不登校や引きこもり、家庭内暴力、課金による借金といった問題が徐々に現れるようになり、周囲を巻き込む形で深刻化していきます。こうした状況を考慮し、ＷＨＯの国際疾病分類であるＩＣＤ－11では、ゲーム行動症を依存症として正式に認定しています。

覚えておきたいターム
☑物質関連症及び嗜癖症群　☑物質使用症　☑ギャンブル行動症
☑動機づけ面接　☑自助グループ　☑インターネットゲーム行動症

> ## より強い刺激を求めるようになり
> ## やめたくてもやめられない

66
認知症

　認知症とは、脳の病変によって一度獲得した認知機能が持続的に低下し、日常生活に支障をきたしている状態のことをいいます。代表的な**アルツハイマー型認知症**では、記憶障害が徐々に進行し、新規の情報を記憶できなくなるだけでなく、経験した出来事自体を忘れてしまうなどの症状が見られます。

　認知症の症状は中核症状と周辺症状の２つに大別されます。**中核症状**は脳の障害が原因で起こる症状であり、認知症の人であれば誰にでも現れる認知機能の障害です。体験した出来事そのものを忘れてしまう記憶障害、今がいつで、どこにいるのかがわからなくなる**見当識障害**、言葉のやりとりがうまくできなくなる失語、道具を適切に使うなどの簡単な日常動作ができなくなる失行、目の前にある対象を正しく認識することが難しくなる失認、計画を立てて物事を実行することが困難になる遂行機能障害などがあります。**周辺症状**は中核症状に付随して生じる行動・心理面の障害のことです。必ず起こるわけではなく、病前性格、生活環境、周囲の対応、本人の心身の状態といった要因と関連して生じます。具体的には、妄想、幻覚、徘徊、食行動・性行動の異常、不潔行為、暴力・暴言、抑うつ、不安、繰り返しの確認や要求、睡眠障害といったものがあります。

　認知症には根本的な治療法がなく、薬物療法も中核症状の進行を遅らせ、周辺症状を軽減させるにとどまります。非薬物療法は認知

原理

基礎理論

心理的アセスメント

カウンセリング

心理療法

精神疾患

5領域の心理学

機能の維持、生活の質の向上を目的に行います。懐かしい写真、音楽、映像から昔の記憶を思い出し、仲間と語り合うことで情緒の安定や交流の促進を図る**回想法**、日時・季節・場所などの情報について会話を通して認知症の人に伝えていくことで、見当識に働きかける**リアリティオリエンテーション**があります。

ワンポイントレッスン

　認知症患者の主な介護者となる家族は、終わりの見えない介護生活の中で心身の負担を一人で抱えていることが問題視されています。特に、介護者は認知症患者の中核症状ではなく周辺症状への対応に苦労することが多いため、介護疲れで燃え尽きてしまい、要介護者と共倒れしないように環境調整をしていくことが急務と言えます。そこで近年注目を集めているのが、介護者の負担軽減を図るためのレスパイトケアです。**レスパイトケア**とは、家族が一時的に介護による心身の疲労から解放されるように、代理の機関やサービスが介護を請け負って支援することを意味します。家事の代行や、訪問介護だけでなく、日帰りで利用できるデイサービスや介護老人福祉施設のショートステイといった外部サービスを利用することも、レスパイトケアとしての役割を併せ持っていると言えるでしょう。

覚えておきたいターム
☑アルツハイマー型認知症　☑中核症状　☑見当識　☑周辺症状
☑回想法　☑リアリティオリエンテーション　☑レスパイトケア

介護する側とされる側の共倒れを防ぐ

67
失語症

解説

　失語症とは、大脳の**言語野**の損傷によって後天的に起こる言語障害のことであり、高次脳機能障害の1つです。失語症の主な原因は脳卒中、脳炎、脳腫瘍、交通事故などによる脳損傷をはじめとする、脳に影響を及ぼす身体的な病気やケガといった**外因性**のものであると言われています。失語症の症状の代表的なものとしては運動性失語と感覚性失語が挙げられます。

　運動性失語は、**ブローカ野**とよばれる左前頭葉の下部を損傷することで生じます。運動性失語の人は、聞いたことを理解する力は比較的保たれており、その返答も頭の中で持ち合わせていますが、言葉を出すのに時間がかかる、文を構成することが難しく単語をつなげたような発話になる、発音が不鮮明であることが特徴です。また、復唱や書字能力が障害されやすいのに対し、文字を読んで理解する能力は比較的保たれています。**感覚性失語**は、左側頭葉にある**ウェルニッケ野**を損傷することで生じます。感覚性失語の人は一見、流暢に言葉を表出しますが、聞いたことを理解することが困難であるのに加え、言いたい言葉とは別の音や語彙を発してしまう錯語や、意味が推測できないほど音が変わってしまう新造語が多いことが特徴です。そのため、自身の意図を他者に伝えたり、他者と会話したりすることが困難なことが多くあります。また、復唱や書字能力、文字を読んで理解する能力も障害されます。

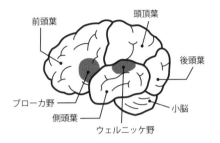

前頭葉
頭頂葉
後頭葉
ブローカ野
側頭葉
小脳
ウェルニッケ野

ワンポイントレッスン

　失語症と類似している疾患に、**機能性神経学的症状症**（変換症）による失声（失声症）があり、声が出ない、かすれ声しか出ないといった症状が突然起こります。失語症が脳損傷によって生じる外因性の言語障害であるのに対し、変換症は脳や感覚運動系に異常は見られず、無意識に抑圧された心理的な葛藤が身体症状に転換することで発現する心因性の疾患と考えられています。そのため、失語症と変換症は、「話せない」といった症状が似ていても治療は大きく異なります。失語症では、言語療法を始めとする医療リハビリや環境調整、職場や社会復帰に向けた医学的・社会的支援が行われるのに対し、変換症では発声訓練や薬物療法、箱庭療法や認知行動療法といった心理療法やカウンセリングが中心に行われます。

覚えておきたいターム
☑言語野　☑外因　☑運動性失語　☑ブローカ野　☑感覚性失語
☑ウェルニッケ野　☑機能性神経学的症状症

> 言葉が出ないのは心に起因するものか
> それとも脳に起因するものか

原理　基礎理論　心理的アセスメント　カウンセリング　心理療法　**精神疾患**　5領域の心理学

68

パーソナリティ症

解説

　パーソナリティとは、長期にわたって比較的一定している物事への捉え方、対人関係や行動パターンを言います。パーソナリティ症とは、その人が属する文化や価値観の許容範囲を超えて**著しく偏ったパーソナリティ**を持ち、それによって社会生活に困難や支障をきたしている障害です。パーソナリティ症は、青年期または成人期早期までに発症するとされています。一過性の症状ではなく、生涯を通じて状態が大きく変化することはありません。また、その偏った認知や行動によって、対人関係や社会生活に障害が引き起こされます。さらに、パーソナリティ症は、他の精神疾患や物質乱用、医学的疾患の直接的な作用によって生じるものではありません。なお、以前は「人格障害」とよばれていましたが、「人格」という言葉を用いると、人間性そのものを否定しているかのような価値的評価が含まれるため、現在は「パーソナリティ症」とよばれています。

　ＤＳＭ－５－ＴＲでは、パーソナリティ症は３つの群に分けられます。その３つの群は「A群（奇妙で風変わりな信念や行動を特徴とするタイプ）」、「B群（派手で移り気な行動や態度を特徴とするタイプ）」、「C群（不安や恐怖の強さを特徴とするタイプ）」で、主に10種類のパーソナリティ症に分けることができます。

A群（奇妙で風変わりな信念や行動を特徴とするタイプ）	
猜疑性パーソナリティ症	不信感が強く、他者や周りの出来事に対して悪意があると捉えやすい。
シゾイドパーソナリティ症	感情の表出や周囲への関心が乏しく、他人との交流を避ける。
統合失調型パーソナリティ症	奇異な考えや風変わりな行動をとる。
B群（派手で移り気な行動や態度を特徴とするタイプ）	
ボーダーラインパーソナリティ症	自己像や対人関係の不安定さ、衝動性、他者の理想化とこき下ろし、見捨てられ不安を特徴とする。
自己愛性パーソナリティ症	誇大性や賞賛欲求が過剰に強く、他者への共感性が低いが、非難されることに過剰に敏感である。
演技性パーソナリティ症	自分をよく見せたり、注目を集めようとしたりする行動傾向が過剰である。
反社会性パーソナリティ症	良心の呵責が乏しく、他者の権利を侵害するような攻撃的、衝動的、無責任な行動を繰り返す。
C群（不安や恐怖の強さを特徴とするタイプ）	
回避性パーソナリティ症	他者からの非難や拒絶を絶えず心配し、対人関係を回避する傾向にある。
依存性パーソナリティ症	面倒を見てもらいたい欲求を過剰に持ち、依存する相手に対して従順、服従的な態度を示す。
強迫性パーソナリティ症	完璧主義で融通が利かず、規則や順序にこだわり、柔軟な行動が取れない。

　ちなみにICD-11では、ディメンショナルモデルとよばれる診断基準が採用されています。カテゴリーに分類するのではなく、症状の程度(軽度、中等度、重度)を判定し、「否定的感情」、「離隔」、「非社会性」、「脱抑制」、「制縛性」の5つのパーソナリティ特性領域と「ボーダーラインパターン」から判定します。このモデルを用いた場合、「○○パーソナリティ症」と分類するのではなく、例えば「パーソナリティ症、重度、否定的感情・脱抑制を伴う」などと診断され

ます。今後パーソナリティ症はディメンショナルモデルによる診断
が主流になる可能性があります。

　パーソナリティ症への治療として、主に心理療法が用いられます。
具体的には支持的精神療法、認知行動療法、精神分析的精神療法な
どが挙げられます。幼少期から形成されたパーソナリティなので、
それをより適応的な思考や行動パターンに改善させていくためには
比較的長期を要します。ちなみに、パーソナリティを「良し悪し」と
いう価値判断で捉えるのではなく、社会的適応の観点で捉えること
が重要です。そして、治療者と本人との信頼関係や協力関係を基盤
とした治療が求められます。また、パーソナリティ症はうつ病や不
安症など、他の精神疾患を引き起こす場合があり、それらの症状へ
の治療として薬物療法が用いられる場合があります。

ワンポイントレッスン

　リネハン, M. M. が開発した**弁証法的行動療法**は、ボーダーライ
ンパーソナリティ症をはじめとする感情の調節に困難を要する人に
有効とされています。弁証法とは、対立する2つの事柄を統合して
高次の思考へ発展させる思考法のことですが、弁証法的行動療法で
は、変化を目指すことと同時に、ありのままの自分を受け容れるこ
とを重視します。また、弁証法的行動療法では対人関係スキル、感
情調節スキル、苦悩耐性スキル、マインドフルネススキルの習得を
目指します。特に**マインドフルネス**は、仏教の思想をベースとし、
「今、ここで」起こった意識に集中し、自分の状況に対して価値判断
せずにありのまま受け止めることで、弁証法的行動療法の中核的役
割を担います。パーソナリティの"変化"を過度に重視するあまり
に"変化できない"自分を否定したり自責したりすることで、かえっ

て症状が悪化したり問題行動を繰り返すというケースは少なくありません。したがって、本人が現状や自分自身をありのままに受け入れることが治療的変化において重要となります。

覚えておきたいターム
☑パーソナリティ　☑著しく偏ったパーソナリティ　☑弁証法的行動療法
☑マインドフルネス

> 「良くする」のではなく「適応的」にしていく

原理

基礎理論

心理的アセスメント

カウンセリング

心理療法

精神疾患

5 領域の心理学

69
ADHD

解説

　ＡＤＨＤは注意欠如多動症ともよばれ、**多動性、衝動性、不注意**をその特徴とする発達障害です。知的な遅れがない場合もありますが、知的障害や学習障害などその他の発達障害を併せ持つこともあります。また、近年では、ＡＤＨＤが脳の機能障害によって起こると考えられており、症状が強く現れる場合は、薬物療法が行われることもあります。一方で、家族や教師への情報伝達や精神的なサポートを行う**心理教育**を通して周囲の理解を深めて環境の調整を行うことで、生活がしやすくなり薬物療法を行わなくてもよい例も多く見られます。ＡＤＨＤ児は幼少期から落ち着きがなく動き回るなどの行動が目立ちますが、学齢期では、授業中に座っていられず教室から飛び出す、おしゃべりがやめられない、カッとなりやすくトラブルを起こす、勉強に集中しにくい、忘れ物やケアレスミスが多いなど、さまざまな形でその症状は見られます。年齢が上がるにつれて、多動性は収まる傾向があるとも言われており、例えば、授業中に座れるようになってきたり、動き回ることが減ったりすることもあります。一方で、ＡＤＨＤの傾向が大人になっても顕著に見られる**大人の発達障害**（大人のＡＤＨＤ）が、近年注目されています。これは、大人になってから発症するというわけではなく、子ども時代に症状を見逃されていたり、種々の環境要因によって診断に至らなかったりした人々が、大人になってから診断されるケースです。

ワンポイントレッスン

　ＡＤＨＤを有する児童はその特性から、学校生活の場面で目立つ行動が多くなるため、周囲から叱られたり、理解してもらえなかったりする機会が多くなります。日常生活での困難や失敗体験が積み重なることにより、劣等感を抱きやすくなり、自己肯定感や自己評価が低下し、不登校や非行などの二次障害を引き起こす場合もあります。また、大人になるまで症状がＡＤＨＤによるものだと気づかなかった場合は、仕事上でのミスの多さや思考のまとまらなさなどから、対人関係に影響が出たり、不安症やうつ病などに発展したりすることもあります。

　こうした二次障害を防ぐために、早期発見と早期療育が重要だとされています。乳幼児健診での相談を始め、地域の子育て相談窓口や療育センターなどに早くから相談をすることが早期発見に役立ちます。また、早期の発見は早期の療育にもつながります。療育では、発達を促す関わりや、社会的スキルを高める関わりを通して、本人に働きかけていきます。周囲の人への心理教育によって障害や本人についての理解を深めると共に療育を行うことで、本人が過ごしやすいように環境調整し、二次障害を予防しながら、ＡＤＨＤの特性を１つの個性と捉えてその人らしく生きる方法を見つけることが大切です。

覚えておきたいターム
☑多動性　　☑衝動性　　☑不注意　　☑心理教育　　☑大人の発達障害

> # 落ち着きのなさも個性の１つ

原理

基礎理論　心理的アセスメント　カウンセリング　心理療法

精神疾患

５領域の心理学

70
学習障害

解説

　学習障害は、全体的な知能に遅れがないにもかかわらず、**読む・書く・聞く・話す・推理する・計算する**能力のうち１つまたは複数の能力において困難が見られる障害で、**限局性学習症**やＬＤともいわれます。ＤＳＭ－５－ＴＲにおける限局性学習症は、読む・書く・数字に関連する学習的技能に困難を示すと定められています。視覚、聴覚、感覚などに異常がなく、家庭環境や意欲にも問題がないことが前提で、教育環境の優劣では説明できないものとされています。例えば、書くことの困難の場合、小学校１年生になって平仮名を習い始めてもあまり定着せず、周りの子が漢字を覚え始めるようになってもなお、「ゃ、ゅ、ょ、っ」といった特殊音節でつまずくことがあります。読むことの困難では、行や文字を読み飛ばす、語尾を勝手に変えて読むなどの例も多く見られます。このように、他の学習は比較的できるのに音読だけが非常に苦手である、平仮名が覚えられない、計算だけがどうしても難しいなど、はじめのうちは一部の学習の顕著な困難が見られます。しかし、読む・書く・聞く・話す・推理する・計算するといった能力は、どのような教科にも関与してくる能力で、次第に全般的な学業不振に陥ることも少なくありません。ただし、もともと全体的な知能に遅れがあって学業不振がある場合でも、平仮名が覚えられなかったり、計算ができなかったりすることはよくあります。そのため、全体的な知能の遅れによ

る学業不振なのか、ある特定の技能だけが困難な状態にある学習障害による学業不振なのかを丁寧に見極めていく必要があります。

ワンポイントレッスン

　学習障害の場合、幼少期では文字に興味を持たない、学齢期では音読をやりたがらない、漢字の学習を極端に拒むといった問題から発見されることも多いため、本人のやる気がないだけだと周囲の大人達に思われがちです。しかし、学習障害は**中枢神経系の機能障害**が背景にあるとされており、努力をしても学習に困難を来します。何度練習しても覚えられずに、テストでも点数を取れないため、学習障害の子どもはやる気をなくしてしまい、さらにやりたがらなくなるという悪循環を起こすこともあります。一方、親や教員は、子どものやる気のない態度を見て、怠けているからできない、やればできるのだと強要したくなります。そのため、親や教師への**心理教育**をすることで学習障害の症状への理解を深めることが重要となります。学習障害の有効な支援は、不得意を得意にさせようと働きかけるのではなく、本人の得意なことや工夫で苦手をカバーできるようにすることです。そして、こうした工夫の仕方を知っておくことが、大人になったときに自立した生活を送る上で役立つのです。

覚えておきたいターム
☑読む・書く・聞く・話す・推理する・計算する　☑限局性学習症
☑中枢神経系の機能障害　☑心理教育

> ### 得意なことで苦手なことを
> ### カバーできるように働きかける

原理　基礎理論　心理的アセスメント　カウンセリング　心理療法　**精神疾患**　5 領域の心理学

71
自閉スペクトラム症

解説

　自閉スペクトラム症（ＡＳＤ）は、発達障害の１つで、社会性の問題やコミュニケーションの難しさ、こだわりなどが特徴です。これらの特徴は、幼少期から見られるものですが、幼少期の間は気づかれず、成長した後に見つかることもあります。

　かつては、**自閉症**やアスペルガー障害を含む**広汎性発達障害**とよばれていた発達障害に近いとされていますが、発達に遅れや偏りがない**定型発達**との境目がはっきりせず、障害特性が光のスペクトラムのように薄いものから濃いものまでさまざまであることから、ＤＳＭ－５より「自閉スペクトラム症」という名称になりました。現在の診断は、「**社会的コミュニケーションおよび対人的相互反応における持続的な欠陥**」や「**行動、興味、または活動の限定された反復的な様式**」を持つことが基準になっており、同じ言葉や行動を長時間繰り返す**常同行動**や、空想の世界で遊ぶといったファンタジーへの没頭などの特徴が見られることがあります。

　例えば、幼少期の生活場面では、生活のパターンや自分なりのルールにこだわり、それらが崩されるとパニックや癇癪（かんしゃく）につながることも多く見られます。保育園に行く道順にこだわり、道を変えることが難しかったり、工事で通過できないとパニックになったりするなど、生活に影響が出ることもあります。また、学童期の集団場面では、周りの気持ちを想像できずに思ったことをそのまま口にして相手を

不快にさせてしまう、好きなことにしか関心を持てず興味のない教科では教室にいられないなど、学校生活で困難を示すこともあります。これらの困難は、適切な支援を受けない、または受けられないことで、児童虐待や不登校など二次障害とよばれる問題に発展する可能性もあり、早期発見と早期療育の重要性が指摘されています。

　また、これまで、こうした生活上の困難を伴う自閉スペクトラム症は、親との愛着の問題や育て方が原因と言われた時代もありました。しかし現在は、他者が自分とは違う心の動きを持っていることを理解し、それを類推するなど、いわゆる対人コミュニケーションに関する能力や、想像力をつかさどる脳機能部位に障害があるという指摘もされており、脳機能や神経伝達物質の面からも研究が進められています。

ワンポイントレッスン

　日常生活や学校生活において困難が見られ、自閉スペクトラム症の特徴が見つかると、どうしても特性を修正し、苦手なことを克服させることに目が向きがちになります。しかし、支援の基本となるのは、本人の周りにいる親や教師への心理教育と環境調整です。

　心理教育では、生活・学校場面での困難や特性は、親の愛情不足や育て方の問題、本人の努力不足によって起こるのではなく、生まれ持った脳の働き方の違いであることを周囲に理解してもらうことが目的となります。専門家によって、講座のような形で保護者や教員向けに行われることもあれば、相談という形で提供されることもあります。親や教師が自閉症の特性を正しく理解し、対応方法を学ぶことが支援の第一歩として大変重要です。

　周囲への心理教育が進むと、親や教員が中心となり専門家のサポートを得ながら、環境調整が進められます。**環境調整**とは、本人

原理　基礎理論　心理的アセスメント　カウンセリング　心理療法

精神疾患

5 領域の心理学

にとって過ごしやすい環境を整えていくプロセスです。例えば、気持ちや行動の切り替えが苦手な子のためにタイマーや音を使って合図を出す、学校行事などイレギュラーな生活パターンになる際には事前の説明を行う、見通しが立ちにくい場合は、スケジュール表を作って視覚的に呈示するなどやり方は多岐にわたります。

　環境調整が十分に行われた上で、初めて行うのが本人に対する**療育**です。療育は特性を修正したり、苦手を克服したりするために行うのではなく、生活や集団場面での困難を軽減し、持っている力を最大限に引き出すことや、特性とうまく付き合うことを目的として行われます。医師、保育士、スクールカウンセラー、ソーシャルワーカー、心理士、理学療法士、作業療法士、言語聴覚士、栄養士などさまざまな専門家が関わりながら、遊びや運動を通して、順番やルールを守ることを練習したり、仲間とコミュニケーションを取る方法を学んだりします。

覚えておきたいターム
☑自閉症　☑広汎性発達障害　☑定型発達
☑社会的コミュニケーションおよび対人的相互反応における持続的な欠陥
☑行動、興味、または活動の限定された反復的な様式　☑常同行動
☑心理教育　☑環境調整　☑療育

自閉症と定型発達との明確な境目はない

Chap.7 ５領域の心理学

生活に根ざした分野の心理支援に携わる

72
コンサルテーション

解説

　コンサルテーションとは、心理的問題を直接的に援助している他職種に対して、心理専門職として助言や提案を行うことを意味します。医療、福祉、教育など地域のさまざまな場面において、心理専門職が行う地域援助の1つになります。**地域援助**といっても、コンサルテーションの場合は、心理専門職が直接ケースに対する援助を行うのではなく、他職種を通して行う間接的な支援となります。

　コンサルテーションの場面では、相談をする側を**コンサルティ**とよび、相談を受ける側を**コンサルタント**とよびます。両者の間には上下関係があるわけではなく、それぞれ異なる職種の専門家であるため、コンサルテーションは対等な立場で行われます。また、コンサルタントはコンサルティに対して、専門的な助言を行いますが、実際に助言や提案を受け入れるかどうかをはじめ、ケースの責任はコンサルティにあります。また、コンサルテーションでは、あくまでもケースに関する相談に限り、コンサルティの個人的な課題や私的な問題は扱わないのが原則です。コンサルティが自身の専門性を生かしながら、より良い支援を行えるように助言・指導するのがコンサルテーションの目的です。対人援助の場面では、1つのケースに対して種々の専門家が守秘義務を守りながら**チーム援助**を行いますが、中でもコンサルテーションは、地域連携やソーシャルサポートの活性化に寄与する大切な活動であると言えます。

ワンポイントレッスン

　教育の場面では、**スクールカウンセラー**が心理専門職として位置づけられます。学校には、担任をはじめ養護教諭や管理職などさまざまな役割や専門性を持った教員がおり、そうした教員らに対して、スクールカウンセラーがコンサルタントとしての役割を担うことがあります。例えば、登校を渋り始めた児童に対して、担任が対応に困っている場合、スクールカウンセラーにコンサルテーションを求めることがあります。スクールカウンセラーは、コンサルタントとして、コンサルティである担任から相談を受け、その児童の友人関係、学習、発達、家庭環境、成育歴などの側面を考慮しつつ心理学的視点から担任に助言を行います。これがコンサルテーションに当たります。このとき、スクールカウンセラーは、直接児童に関わって支援を行っているわけではありませんが、担任を通して、間接的に支援に関わっていることになります。コンサルテーションによってコンサルティの対処能力を高めることで、学校現場で問題を解決できるようになるだけでなく、問題の悪化や再発を予防できるようになることを目指します。また、児童の課題に応じて養護教諭やスクールソーシャルワーカーなどの他職種とも連携し、担任だけでなく多職種の専門家がチームとして支援に携わります。

覚えておきたいターム
☑地域援助　☑コンサルティ　☑コンサルタント　☑チーム援助
☑スクールカウンセラー

間接的なサポートで現場の対処能力を高める

73

緩和ケア・終末期ケア

解説

　世界保健機関（WHO）の定義によると、緩和ケアとは、生命を脅かす疾患による問題に直面している患者とその家族に対して、疾患の早期より痛み、**身体的問題**、**心理社会的問題**、**スピリチュアルな問題**に関して、的確に評価を行い、それが障害とならないように予防や対処をすることで、QOL（生活の質）を改善させるためのアプローチを意味します。WHOは1990年には緩和ケアについて、治癒を目指した治療が有効ではなくなった患者に対するアプローチと定義し、終末期ケアを念頭に置いていましたが、必要なケアは終末期に限らず早期から提供されるべきという考えから定義を改訂しました。近年では、疾患に対する標準的な治療だけではなく、緩和ケアを早期に並行して行うことで、QOLが向上し、抑うつ気分などを改善できることがわかっています。2006年に制定されたがん対策基本法には、緩和ケアという言葉が明記され、がんの診断時から緩和ケアが適切に提供されるようにすることが定められました。緩和ケアは主にがん患者に対するアプローチとして発展してきましたが、がん以外の疾患に対するケアの拡充も今後の重要な課題と認識されています。

　緩和ケア・終末期ケアにおいては、専門性の異なる多職種が連携して**チーム医療**を提供することが欠かせません。地域がん診療連携拠点病院においては、心理職を緩和ケアチームに配置することが望

ましいとされています。がん患者に対しては、医師が医学的治療を行い、心理職は心理的な問題に寄り添い、医療・福祉サービスなどについてはソーシャルワーカーがその相談に乗ります。

ワンポイントレッスン

　終末期が来たときに自分がどのように生き、死を迎えるか、延命措置はどうしたいかといったことについて、患者本人があらかじめ意思を明示することを**リビングウィル**（生前の意思表明）といいます。また、患者が意思決定できなくなったときに備えて、患者とその家族、医療職などが事前に話し合うことを**アドバンス・ケア・プランニング**（人生会議）といい、患者本人の代わりに意思決定をする人を決めておくことも含まれます。一度決めたことであっても気持ちが変わった場合は内容を変更し、できる限り患者自身の意思や尊厳を尊重した医療・ケアを提供できるように進めることが重要です。終末期ケアにおいて、約70％の患者が意思決定できない状態になるという調査結果があります。早期から終末期のことを考えておくことは、本人が自分の意思について改めて整理することができ、周囲も患者の意思を尊重したサポートを行いやすくなります。

覚えておきたいターム
☑身体的問題　☑心理社会的問題　☑スピリチュアルな問題
☑ＱＯＬ（生活の質）　☑チーム医療　☑リビングウィル
☑アドバンス・ケア・プランニング

早期のケアが生活の質を高める

原理

基礎理論

心理的アセスメント

カウンセリング

心理療法

精神疾患

5領域の心理学

74
ソーシャルサポート

解説

　日常の社会的関係の中で危機的状況や困難な状況にある人に対して、家族、友人、同僚、専門家など周囲の人から与えられる支援をソーシャルサポートといい、**キャプラン, G.** によって提唱され概念化されました。ソーシャルサポートには、目に見える形での物質的な支援もあれば、感情や考えなど目に見えないものへの支援も含まれます。物質的な支援は、「道具的サポート」と「情報的サポート」とに大別されます。**道具的サポート**は、問題解決のための実際の資源を提供することを指します。例えば、生活が困窮して食べるものがないという人のために、フードバンクなどから食べ物を提供することがこれに当たります。**情報的サポート**は、問題解決のためのアドバイスや情報を提供することを指します。上記の例では、フードバンクの情報を提供することが当たります。目に見えないものへの支援としては、「情緒的サポート」と「評価的サポート」が挙げられます。**情緒的サポート**は、ストレス状態や危機的状況にある人に対して、共感的に話を聴き、受容的に支えていくことで支援をすることを指します。例えば、親しい人を亡くした人に対して、その人の気持ちや心に寄り添って話を聴くような支援のことです。**評価的サポート**は、評価やフィードバックを与えることで支援をしていくことです。例えば、職場で上手く成果を挙げられないことを悩んでいる人に対して、上司が適切なフィードバックを行って支援していく

ことなどを指します。ソーシャルサポートには、ストレスの要因によって引き起こされるストレス反応を緩和する**ストレス緩衝効果**があります。また、精神的健康を良好な状態に保つための直接効果があるとも言われています。さらに、危機的状況に陥った人に対する**危機介入**においても、自力で問題を解決して危機状態から抜け出すために、ソーシャルサポートが非常に重要な役割を果たします。

ワンポイントレッスン

　ソーシャルサポートと聞くと、非常に難しい支援であるというイメージを抱く人もいるかもしれません。しかし、誰もがソーシャルサポートをする側に回ることがあり、また多くの人がすでにソーシャルサポートを持っている状態にあるとも言えます。もちろん、ソーシャルサポートの中には、医師や弁護士、社会福祉士や公認心理師など、専門家が行うフォーマルなサポートも存在します。その一方で、家族や友達、同僚といった身近にいる人々からのインフォーマルなサポートもソーシャルサポートの重要な資源です。実際に支援がなくても支援してもらえると信じる認知が大切とも考えられており、専門家の助けだけでなく、家族や友人など身近で親密な関係にある人からの寄り添いが大きな助けになり得るのです。

覚えておきたいターム
☑キャプラン, G.　☑道具的サポート　☑情報的サポート
☑情緒的サポート　☑評価的サポート　☑ストレス緩衝効果　☑危機介入

> # サポートをもらえるという認知が
> # ストレスを緩和する

75
地域包括ケアシステム

解説

　高齢になるにつれて、認知症を含めたさまざまな疾患を患う可能性が高まることから、医療や介護の需要増加が見込まれています。こうした状況を背景に、厚生労働省は2025年を目途に、地域包括ケアシステムの構築を推進しています。地域包括ケアシステムは、2011年の**介護保険法**改正により法的に位置づけられたものであり、高齢者の尊厳の保持と自立生活の支援を目的として、可能な限り住み慣れた地域で、自分らしい暮らしを人生の最期まで続けることができるような、地域の包括的な支援・サービスを提供する体制のことです。保険者である市町村や都道府県には、地域の特性に応じたケアシステムを作り上げることが求められています。このシステムにおける地域とは、概ね30分以内に必要なサービスが提供される日常生活圏（中学校区）が単位として想定されています。

ワンポイントレッスン

　地域包括ケアシステムの中核拠点である**地域包括支援センター**が、自治体主体で各市町村に設けられています。同センターの業務の１つ目は介護予防ケアマネジメント業務、２つ目は介護・保健医療・福祉に関する総合相談や支援業務、３つ目は成年後見制度の活用促進、高齢者虐待への対応などの権利擁護業務、そして４つ目は地域での暮らしを維持するための包括的・継続的なケアマネジメント支

援業務です。

　地域包括支援センターには、原則として主任介護支援専門員（ケアマネージャー）・保健師・社会福祉士（ソーシャルワーカー）が配置されています。ケアマネージャーは、ケアプランの作成を始めとしてケアマネジメント業務全体を調整する役割を担っています。保健師は、介護予防や認知症支援を含む保健医療に関する業務を担い、ソーシャルワーカーは、福祉制度の情報提供や権利擁護といった総合相談支援業務を担当します。地域包括支援センターへの心理職の配置は規定に定められてはいませんが、住まい・医療・介護・予防・生活支援を一体的に利用者に提供するためには、心理職も含めた**多職種連携**による地域援助が今後欠かせなくなっていくことでしょう。

　介護保険制度を利用して提供される**フォーマルサービス**に対して、家族や友人、地域の住民、ボランティアの人などが提供する支援を**インフォーマルサービス**といいます。これは専門家による支援や公的に整えられたサービスではありませんが、身近な人やボランティアの人ならではの、きめ細やかな対応を行いやすいというメリットがあります。近年は介護職の人手不足が深刻化しているということもあり、フォーマルサービスとインフォーマルサービスとを上手に連携する必要性が増しています。

覚えておきたいターム
☑介護保険法　☑地域包括支援センター　☑ケアマネジメント
☑多職種連携　☑フォーマルサービス　☑インフォーマルサービス

> ### 住み慣れた場所で自分らしい暮らしを高齢者に提供する

76
アウトリーチ

　アウトリーチとは、必要としている支援を受けられていない人に対して、**訪問支援**などを通じて行う包括的地域支援のことです。病院や相談機関を訪れたくても外出できない人に対して専門家がその人の自宅に出向いたり、災害などにより孤立している人や地域に対して他の地域から人員やサービス、情報を提供したりすることが該当します。また、何らかの専門的援助が必要と考えられるものの、当事者自身が支援の必要性を感じていない場合などは、その人が相談に訪れるのを待つだけではなく、支援者から積極的に働きかけて事態が深刻化する前に問題に取り組むことが重要になります。

　例えば、ひきこもり状態の人は、自身の現状に問題意識を持っていたとしても、外出することや助けを求めることが苦手でもあり、誰にも相談できないでいることが多いものです。そうした場合、支援者の方からその人のもとを訪れることで、その先の支援につながる可能性があります。

　アウトリーチを支援活動の中心として地域の生活支援を行うケアマネジメントモデルに、**アサーティブ・コミュニティ・トリートメント**（包括的地域生活支援）があります。これは、重症の精神疾患を持つ人を対象にして、保健・医療・福祉領域にわたって多職種

による包括的ケアを提供する援助方法です。利用者の強みを生かし、病状が重い人でも地域社会の中で自分らしく生活できることを支援目標とします。また、災害時には被災都道府県の要請に基づき、**災害派遣精神医療チーム（ＤＰＡＴ）**が派遣されることがあり、これもアウトリーチの１つです。災害発生時、強いストレスから情緒不安定や不眠などが被災者に生じることがありますが、カウンセリングでじっくりと悩みを相談するゆとりは災害直後にはありません。災害発生から４週間ほどの時期は、食料、水、情報などの提供や、**サイコロジカル・ファーストエイド**（心理的応急処置）が優先されます。心理的応急処置では、安全確認をして、基本的ニーズがある人を確認する「見る」、支援が必要と思われる人々に寄り添い、必要なものや気がかりなことをたずねる「聞く」、そして基本的ニーズを満たすためのサービスが受けられるようにしたり、情報を提供したりする「つなぐ」の３つが基本となります。

　アウトリーチによる支援は、積極的にサービスを届けられるというメリットがありますが、対象者の生活や心の中に無遠慮に踏み込むことがないように慎重に行うことが重要です。

覚えておきたいターム
☑訪問支援　　☑アサーティブ・コミュニティ・トリートメント
☑災害派遣精神医療チーム　　☑サイコロジカル・ファーストエイド

支援は待っているだけでなく、届けにいくもの

77
エンパワーメント

解説

　困難な状況を前にして無力感を抱いたり、自己統制感を失ったりしているクライエントが、本来の力や潜在的に持っている力を発揮して、問題解決能力を増強できるように援助する働きかけをエンパワーメントといい、教育・産業・労働・福祉の**コミュニティ援助**において重要な支援方法となります。逆境に柔軟に対処して失敗を成長に導く心の弾力性や回復力のことを**レジリエンス**とよび、クライエントが本来持っている能力や潜在的な可能性のことを**ストレングス**とよびます。クライエントが自分自身で問題を乗り越える力を身につけるためには、レジリエンスやストレングスを引き出すような、エンパワーメントによる介入が求められます。エンパワーメントは、本来は権威や法的な権限を付与することを意味していました。障害がある、高齢である、マイノリティ集団に属しているなど、さまざまな理由で差別的な対応を受け続けた人は、自分に対する否定的評価が内在化されることで、問題解決に取り組む力を発揮できない状態になりやすいものです。社会的に弱い立場にいるために行使すべき権利を行使できない人たちや、本来の力を発揮できない状態にある人たちが、自身で生活をコントロールできるようにすることがエンパワーメントの目的になります。したがって、エンパワーメントには、無力感を緩和し、心理的な活力を取り戻させることに加えて、社会的・経済的な自己統制感を高めることなども含まれます。

ワンポイントレッスン

　クライエントを支援する際に問題点だけではなく、クライエントがすでに持っている力や長所などのストレングスに焦点を当てることもエンパワーメントでは重要です。自分の強みにも目を向けられるようになると、適切な自己理解によって自尊心や自己効力感が高まり、自ら問題に取り組もうとする力を回復することにつながります。目の前の困難な状況は何をしても変わらないと感じている人は、その状況を変えるために行動を起こすという発想自体ができなくなりやすいものです。その場合、問題解決につながる活動に主体的に参加するように働きかけて、**セルフ・エンパワーメント**を促すことも有効なアプローチです。

　セリグマン, M. E. P. は**ポジティブ心理学**を提唱し、人の強さや美徳にももっと注目すべきであることを主張しました。人間の長所や潜在力を引き出すことの重要性を説くポジティブ心理学は、エンパワーメントやレジリエンス、ストレングスといった概念と大きな親和性があると言えます。そうした概念の関連要因には、柔軟性、身体的健康、感情知性、楽観性、社交性、自尊感情、ソーシャルサポートの量や質などがあります。これらを高めるように働きかけることが、エンパワーメントを行うことにつながります。

覚えておきたいターム
☑コミュニティ援助　☑レジリエンス　☑ストレングス
☑セルフ・エンパワーメント　☑ポジティブ心理学

潜在的な力を最大限に引き出す

78
ピアカウンセリング

解説

　ピアカウンセリングとは、同じような悩みを持つ人や同じような立場の人同士が行う心理的な手助けのことを指します。ピアカウンセリングの「ピア」とは、「対等な者」や「仲間」という意味があります。一般的なカウンセリングでは、専門家と相談者との間に上下関係が生まれがちです。一方で、ピアカウンセリングでは、仲間同士で傾聴したり、情報提供をしたり、一緒に考えたりすることで、最終的には自力で問題を解決できるように支えていきます。専門家ではなく、対等な立場の仲間からの情報提供やアドバイスだからこそ、受け入れやすくなるという利点があります。例えば、学校で困難に遭遇した際に、生徒たちは教師やスクールカウンセラーなどに直接支援を求めるよりも、友人同士で相談をし合うことの方が多いと言われています。教師ら大人には話しにくいと感じていたりする生徒でも、対等な立場にいる仲間であれば相談しやすくなるものです。

　また、危機的状況や困難な状況にある人に対して、周囲の人から与えられる支援を**ソーシャルサポート**といいますが、同じ悩みを持つ者同士の支援もソーシャルサポートの１つで、**ピアサポート**ともよばれています。仲間同士で行う支援活動は、職場、学校、地域などで行われ、その対象も高齢者、障害者、女性、依存症、特定の疾患など多岐にわたります。その領域や対象、内容によって、「ピアサポート」、「**自助グループ**（セルフヘルプグループ）」といったさ

まざまな名称が使われています。自助グループという観点は、アメリカのアルコール依存症患者の間から生まれたものですが、日本でもアルコール依存をはじめ、薬物依存や摂食症などの悩みを持つ人々やその家族のグループが形成されてきました。現在では、糖尿病や末期がんの患者会、不登校や発達障害を抱える子どもの親の会のように広がりを見せています。

ワンポイントレッスン

　糖尿病の患者会1つとっても、その内容は糖尿病の種類や年齢層によって異なります。特に若年層の発症も多い1型糖尿病の患者会は、色々な患者が集まるオープンな会もあれば、さらに細分化され、小児の会、若年層の会、女性の会など、目的を共有しやすい仲間同士が集まる会もあります。会の内容もさまざまで、お互いの悩みを傾聴し合ったり、情報交換を行ったりすることもあれば、寝泊りを共にする合宿が行われることもあります。実際の食事場面、運動場面、低血糖時の対応場面といった生活場面を共有することで、発症直後の人が病歴の長い人の生活を間近で見ることができます。このように**モデリング**の効果を活用して不安を取り除き、情報を共有し、支援し合っていくようなプログラムも盛んに行われています。

覚えておきたいターム
☑ソーシャルサポート　☑ピアサポート　☑自助グループ　☑モデリング

対等な立場だからこそ受け入れやすい

原理　基礎理論　心理的アセスメント　カウンセリング　心理療法　精神疾患　5 領域の心理学

79
危機介入

解説

　危機介入とは、対処が困難な状況に陥っている人に対して、元の均衡の取れた状態に回復させることを目的として行う短期集中型の介入のことです。人は、災害や事故、事件、急激な生活困窮などに直面した際、これまでの習慣や対処方法では対応できない状況に陥ることがあります。これを、**キャプラン, G.** は危機状態とよびましたが、元々は戦争神経症や自殺予防活動など**コミュニティ心理学**の文脈で発展してきた概念です。危機状態に陥ると、人は精神的にも身体的にも多様な反応が現れ、混乱したり動揺したりすることがあります。しかし、それらは自然な反応であり、それ自体が病気というわけではありません。こうした混乱や動揺を乗り越えるためのさまざまな対処を行っていくことで、危機状態から抜け出すことができると、その人の成長を促進することもあると言われています。

　危機介入では、通常のカウンセリングとは異なり、過去や内面を掘り下げるのではなく、いかに素早く対応し、危機状態から抜け出すかに焦点が置かれます。また、長期にわたる支援を行うのではなく、危機状態から元の均衡の取れた状態に近づけるための集中的かつ短期的な支援が求められます。ここでは、精神的な危機状態にある人への介入について説明していますが、災害時の支援に置き換えてみるとイメージがつきやすいでしょう。例えば、大きな地震が発

生して避難をした場合、まずは身の安全を確保し、衣食住の確保を行います。その際の支援としては、よりよい暮らしを得るための活動というよりは、まずは少しでも早く、元の暮らしを回復するための支援が行われます。精神的な危機介入も同様に、より安定した精神状態やよりよい生き方を模索するためのカウンセリングではなく、まずは危機状態から脱出し、元の精神状態を回復することに重点が置かれます。

　危機介入時に、大切なのが**ソーシャルサポート**とよばれる周囲からの助けです。ソーシャルサポートは、行政や専門家が行うフォーマルなソーシャルサポートと、家族や友人など身近な人が行うインフォーマルなソーシャルサポートがあります。フォーマルなソーシャルサポートでは、専門家が知識や理論に基づき、職業的な経験やスキルを生かして、体系的な支援を行います。行政による公的な支援もその1つです。一方で、インフォーマルなソーシャルサポートでは、専門家ではなく、身近にいる家族や友人、同僚や教職員などがその人の考えやその土地の慣習に沿って、より身近な支援を行います。時にボランティアによる支援が行われる場合もありますが、これもインフォーマルなサポートに含まれます。危機介入では、専門家によるフォーマルなソーシャルサポートを得ることで、具体的な援助につながることが多いものです。しかし、フォーマルなサポートでは、なかなか得られにくい、個人的な経験によるアドバイスやその人との関係性の中で得られる温かで情緒的な言動など、インフォーマルなソーシャルサポートが、その人を支える大切な資源につながることもよくあります。

原　理

基礎理論　心理的アセスメント　カウンセリング　心理療法　精神疾患

5　領域の心理学

　危機状態は、災害、事故、事件、病気、身近な人の喪失、ペットロス、急激な生活困窮、失恋、離婚など、さまざまな要因によって引き起こされます。起こった出来事が客観的に見て重大かどうかではなく、その人にとっての主観的な重大性として見ることが大切です。また、危機状態にある人は、場合によっては自傷他害を危機状態から抜け出す対処の1つと捉える可能性があります。そこで、どういったリスクがあり、どの程度の緊急性があるかを査定する**リスクアセスメント**も危機介入の重要な要素です。例えば、自殺の危機介入では、自殺のリスクに対するアセスメントが大変重要です。自殺についての話題を避けず、いつ、どういった方法で自殺をしようと考えているのか、遺書を書いているのか、道具を揃えているのかや、自殺をほのめかしたり宣言したりしているのかなどから、緊急性や具体的な計画性を聞き取り、どのくらいリスクが高いかをアセスメントします。

　自殺の危機介入でリスクアセスメントと共に重要なのが、危機状態の中でいかに援助機関につながることができるかです。全国で展開し、自殺防止機関として電話相談を行ういのちの電話の他、現在ではＳＮＳやチャット、メールでの相談など、アクセシビリティを高めるためにさまざまな手段で相談活動が展開されています。近年では、検索連動型広告により、自殺に関するキーワードをインターネットで検索することで、メール相談につながるようなインターネット・ゲートキーパーとよばれる専門家集団による活動も行われています。インターネット・ゲートキーパー活動では、相談者の自殺念慮が援助開始1ヶ月後に減少しているという研究報告もあります。つまり、自殺の危機にある者が援助機関につながり、適切な危機介入を得ることで短期間に危機状態を一時的に脱出できる可能性

が高まることが明らかになっているのです。各自治体では、自殺対策の一環として「自殺予防ゲートキーパー」の養成を行い、自殺につながるサインを発していたり、悩んでいたりする人に対して声をかけることや、ソーシャルサポートにつなぐ役割を担う人材を育成することができる体制作りに努めています。

　もう1つ重要なのが、自殺を防ぐことを目的とした**自殺予防教育**です。自殺予防教育では、メンタルヘルスの基礎知識や他者から自殺念慮を打ち明けられた際の話の聞き方や対処方法だけではなく、自分自身が危機状態に陥った際に、いかに援助を求められるようになるかという援助希求行動を高めるための教育も行われています。文部科学省は、「教師が知っておきたい子どもの自殺予防」や「子どもに伝えたい自殺予防」など、自殺予防教育にまつわる指針や手引きを発行し、小中高校や特別支援学校における生徒指導の一環として自殺予防教育の推進を行っています。

覚えておきたいターム
☑キャプラン, G.　☑コミュニティ心理学　☑ソーシャルサポート
☑リスクアセスメント　☑自殺予防教育

> いかにして危機状態から早く抜け出させるか

原理

基礎理論

心理的アセスメント

カウンセリング

心理療法

精神疾患

5 領域の心理学

80
ひきこもり

　ひきこもりとは、医学的な病名ではなく、何らかのストレスを避けるために長期間自室や自宅から出ず、社会的活動に参加しないでいる状態を示す用語です。厚生労働省は、就学、就労、家庭外での交遊などの社会的参加を回避し、原則的には6ヶ月以上にわたって概ね家庭にとどまり続けている状態と定義しています。ひきこもっている明確な理由がわからないことも多いですが、未診断の精神疾患が背景にある場合もあり、注意が必要です。ひきこもり状態になり、それが続く要因としては、強いストレスや対人緊張などの心理的要因、心身の疾患や障害に起因する生物学的要因、学校や職場の状況といった社会的要因が挙げられます。

　2023年の内閣府の発表によると、ひきこもり状態にある人の推計人数は、15〜64歳までの年齢層の2％余りに当たる約146万人とされており、ひきこもりの高齢化、長期化が懸念されています。高齢者がひきこもり状態になると身体機能や認知機能が低下しやすく、加齢に伴って心身が衰えるフレイル状態に陥る危険性が高まります。また、ひきこもりが長期化すると、80代の親が50代のひきこもりの子どもを世話するといった家庭が増加すると見込まれており、8050問題として社会的にも注目されています。ひきこもり当事者も家族も高齢化して、介護や経済的な問題から無理心中を図る事例もあるなど、福祉的な介入や支援の必要性が高まっています。

ワンポイントレッスン

　厚生労働省は、ひきこもり支援推進事業として、**ひきこもり地域支援センター**の設置、ひきこもりサポーター養成研修の実施、ひきこもり支援の相談窓口の周知や実態把握、ひきこもりサポーターの派遣などを行っています。ひきこもり状態にある本人も家族も、まずどこに相談したらよいのかがわからないため、支援につながりづらいという状況がこれまで多く見られていましたが、すべての都道府県と政令指定都市にひきこもり地域支援センターが設置されたことで、相談窓口が明確化されました。しかし、相談窓口があると知っても自発的に相談することを躊躇する家庭も多いため、行政や医療機関の方から電話や訪問を行う**アウトリーチ**支援も重要となります。当事者や家族と信頼関係を構築して、**自助グループ**につなぐといったことができると、ひきこもり家庭の地域社会からの孤立を防ぐことに寄与します。ひきこもっていた人が仕事をしようと思った際には、**地域障害者職業センター**などを利用することで、一人ひとりのニーズに応じた職業リハビリテーションを受けることができます。このようにひきこもり支援においては、アウトリーチやひきこもりサポーターなどを通じて支援のきっかけを作り、地域全体で支援する人や機関を少しずつ増やしていく関わりが大切になります。

覚えておきたいターム
☑ 8050 問題　　☑ひきこもり地域支援センター　　☑アウトリーチ
☑自助グループ　　☑地域障害者職業センター

> # 地域で手を差し伸べ、接点を増やしていく

原理

基礎理論　心理的アセスメント　カウンセリング　心理療法　精神疾患

5領域の心理学

81

虐待

　虐待は、相手の心や身体を深く傷つける行為であり、近年では児童虐待をはじめ、**高齢者虐待**、**障害者虐待**、**ＤＶ**（夫婦間暴力）なども世間の関心を集めています。

　児童に対する虐待は、**児童虐待**とよばれ、「児童虐待の防止等に関する法律」によって「保護者がその監護する児童について行う次に掲げる行為（身体的虐待、性的虐待、ネグレクト、心理的虐待）」と定義されます。

　身体的虐待は、児童の身体に外傷が残る、もしくは残るおそれがある暴行を加えることです。殴る蹴る、激しく揺さぶる、火傷を負わせるなどが含まれます。その他、直接外傷を負わせなくとも、冬に戸外に締め出したり、溺れさせたりするなど、生命に危険を及ぼす行為も含まれます。

　性的虐待は、児童にわいせつな行為をすること、もしくはわいせつな行為をさせることと定義されており、児童への性交や性的暴行がそれに当たります。性器や性交を見せつけたり、ポルノグラフィーの被写体となることを強いたりすることもここでいう「わいせつな行為」とされます。

　ネグレクトは、児童の心身の正常な発達を妨げる不適切な養育を意味し、育児の責任を放棄している状態とも言えます。例えば、食べ物を与えない、季節に合った衣服を提供しない、夏の車内に放置

する、同居人の児童虐待を放置するなどが挙げられます。

心理的虐待とは、言葉や態度によって児童に心理的外傷を与える行為のことです。言葉の暴力や無視に加え、きょうだい間で著しい格差をつけて自尊心を傷つけるなどの精神的な苦痛を与えることであり、児童の面前で家族に対して暴力を振るったりすることも含まれます。

虐待を受けて育った子どもは、抑うつや不安を呈したり、愛着の問題や強い攻撃性を持つようになったりすることがあります。また、虐待経験は心身の発達に大きな影響を及ぼすこともあり、中には大人になってからもパーソナリティ症の特徴や反社会的行動を示すなど、深刻な影響を残します。さらに、児童虐待を受けて育った大人が子どもを産み、その子どもにも虐待をしてしまうという**世代間連鎖**も大きな問題となっています。なお、世代間連鎖の起こる割合は、30〜50％と言われていますが、最近の研究では、世代間連鎖が起きるかどうかは、子どもの頃に大人から安定したサポートを受けていたか、もしくは虐待経験を語って感情を表現し、広く社会的なサポートを得ているかが分かれ道になるとも指摘されています。

一般的に、児童虐待というと児童相談所において、子どもが親と分離し保護されることをイメージする人も多いかもしれませんが、実際は児童相談所が対応するケースの9割以上が在宅支援となっています。虐待のリスクを抱える親子を適切な支援につなげるためにも、早期発見と早期介入が重要です。

高齢者に対する高齢者虐待、障害者に対する障害者虐待においても、児童虐待と同様に、身体的虐待、性的虐待、ネグレクト、心理的虐待に分けられますが、財産を勝手に使う、必要な金銭を与えな

原　理

基礎理論

心理的アセスメント

カウンセリング

心理療法

精神疾患

5領域の心理学

いなどの**経済的虐待**を含むのが児童虐待とは異なる点です。

　また、さまざまな状況の中で虐待を受けやすい人々を守るため、高齢者虐待には「高齢者虐待防止法」、障害者虐待には「障害者虐待防止法」が定められており、虐待を行った家族の負担が考慮され、家族の支援も目的となっている点が特徴的です。これらの虐待を発見した場合には、一般市民であってもできるだけ早く通報をしなくてはならない通報義務があります。また、通常、学校や施設、医療機関、行政機関など、すべての領域において、利用者の個人情報や秘密を守る守秘義務がありますが、虐待発見時の通報においては、守秘義務より通報義務が優先されます。

ワンポイントレッスン

　ＤＶの防止等に関する法律である「配偶者からの暴力の防止及び被害者の保護等に関する法律」（ＤＶ防止法）では、暴力の中に身体的暴力の他、言葉や態度による精神的暴力が含まれています。また、対象を「配偶者」、または「事実上婚姻関係」にある者や「生活の本拠を共にする交際相手」としています。つまり、夫婦か、事実婚または同棲中の交際相手ということになります。さらに、離婚前から引き続いて元配偶者により暴力を振るわれている場合も含まれます。したがって、同棲をしていない交際相手からの暴力については法律の対象となりません。しかし、近年、中・高・大学生のような若年層における交際相手からの暴力、いわゆるデートＤＶが問題となっています。2017年に行われたデートＤＶの全国実態調査では、交際経験のある中・高・大学生のうちおよそ４割が何らかの被害を経験していることもわかっています。さらに、15歳以下の低年齢層における被害も明らかとなっており、中には激しい暴力や性暴力、避妊に協力が得られず妊娠するなど、深刻な被害を受けてい

るケースもあります。

　こうした点から、交際を始める前の早い段階から、健康的な交際
や対等な関係性を学ぶための教育や、教職員、保護者といった若年
層の身近にいる大人に向けた啓発活動が行われ始めています。また、
ＤＶ防止法が適用とならない場合でも、ＤＶの相談や保護施設で支
援が図られるようになってきました。今後、さらに相談窓口の拡充
や支援体制の整備が行われていくことが予想されます。

覚えておきたいターム

☑高齢者虐待　☑障害者虐待　☑ＤＶ　☑児童虐待　☑身体的虐待
☑性的虐待　☑ネグレクト　☑心理的虐待　☑世代間連鎖　☑経済的虐待

虐待を止めるには第三者の支援が必要不可欠

82
不登校

解説

　不登校とは、病気や経済的な理由を除いたさまざまな理由によって登校しないか、または登校できない状況にあって、**年間30日以上の欠席**が見られる状態のことです。不登校の生徒数が年々増加し、近年では過去最多を記録している中で、不登校の児童生徒の教育機会を確保するため、平成29年に**教育機会確保法**が施行されました。これは、不登校の児童生徒が教育を受ける機会を失わないようにするための法律ですが、画期的なのは、不登校の児童生徒が休養する必要性を踏まえると明記している点にあります。また、児童生徒が教育を受ける場は、学校以外の教育の場でもよいと定め、児童生徒がさまざまな形で学びを続けられる環境作りを優先にしています。

　学校以外の教育の場として、各地域に**教育支援センター**が設けられています。これは、適応指導教室ともいわれる公的機関で、不登校になった児童生徒が情緒を安定させ、集団に適応し、基本的な学力を身につけるためのサポートを行っています。教育支援センターでは、レクリエーションや昼食、掃除などの日課を通して、集団のペースに合わせていくこと、少しずつ学習に取り組む姿勢を取り戻すことなど、種々の課題の設定が行われます。さらに、学校でも、社会に開かれた「**チーム学校**」を掲げ、教員同士の連携にとどまらず、児童生徒を支える仕組みの整備が行われています。具体的には、スクールソーシャルワーカーやスクールカウンセラーといった専門職

を学校に配置し、チーム学校として教員と専門職が協働する、不登校の原因・背景が多岐であることをふまえ、アセスメントを行い支援の目標・方針を定め、そして場合によっては福祉や医療などの地域の関連機関との連携も行い、環境を調整して児童生徒を支えていくことが目指されています。

ワンポイントレッスン

　不登校の要因の1つとして、**個人要因**が挙げられます。個人要因としては、発達障害や知的障害などで集団生活を行うことや学習に追いつくことに困難が生じていたり、起立性調節障害をはじめとする身体疾患や、統合失調症、適応反応症などの精神疾患を抱えていたりすることが挙げられます。もう1つは**環境要因**です。学校という環境下では、いじめや学級崩壊、教員との相性や友人とのトラブルなどが不登校の要因となる場合があります。また、家庭という環境下では、両親の離婚や家族関係、養育態度による心身への影響が要因となることもあります。不登校の多くがこうした複数の個人要因や環境要因が重なり合って生じています。不登校になった子どもに寄り添いながら、専門家と共に重なり合う要因を一つひとつ丁寧に探ることが、不登校支援の第一歩と言えるでしょう。

覚えておきたいターム
☑年間30日以上の欠席　☑教育機会確保法　☑教育支援センター
☑チーム学校　☑個人要因　☑環境要因

> # 児童生徒が "学び" を続けられるようにする

83
非行

解説

　未成年者の非行については**少年法**で定められています。未成年者
が罪を犯すと少年法が適用され、通常の成人の司法手続きとは異な
る過程を経ることになります。なお、ここでは「少年」という言い方
をしていますが、男性だけではなく女性も含めた呼び方となります。

　非行少年は、虞犯少年、触法少年、犯罪少年の３つに区分されま
す。**虞犯少年**とは、18歳未満で、将来罪を犯したり、法に触れる
行為をしたりする可能性がある少年のことです。具体的には、保護
者の正当な監督に服しない性癖がある、正当な理由がなく家庭に寄
りつかない、犯罪性の高い人との交流がある、またはいかがわしい
場所に出入りするなどの事由から判断されます。少年の健全な育成
を目的としている少年法では、法に触れる行為をしていなくても家
庭裁判所の審判の対象となります。**触法少年**とは、14歳未満で法
に触れる罪を犯した少年のことをいいます。刑法では14歳未満の
少年は罰せられないことになっているので、このような呼び方をし
ます。**犯罪少年**とは、14歳以上の20歳未満で法に触れる罪を犯し
た少年のことをいいます。また、少年法改正により18歳から成年
になりましたが、18歳・19歳の者が罪を犯した場合は**特定少年**と
よばれ、少年法が適用されます。

　少年事件の調査や審判を行う場所が**家庭裁判所**です。家庭裁判所
では、家庭裁判所調査官とよばれる専門家が、少年本人や保護者と

の面接や関係機関との連携を通じて情報を収集したり、少年に心理検査を実施したりすることで、多角的な視点から非行のメカニズムや要因を調査し、見立てをすることになります。その意見も考慮され、家庭裁判所では、保護観察や不処分、少年院送致などの審判が下されることになります。

ワンポイントレッスン

　少年法では、少年に刑罰を下すことではなく、少年の再非行を防止し、更生を図ることが目的とされています。これが成人の刑罰とは大きく異なる点です。成人の公判とよばれる手続きは、少年の場合には**審判**とよばれます。少年の審判は非公開で行われます。これも未成年の少年を守るためです。審判中、裁判官は時には諭したり、和やかな雰囲気で進めたりと、その少年が今後更生の道を辿れるように自身の内省を促していきます。ただし、少年であっても、必ずしも刑事罰にならないわけではありません。少年の非行歴や犯罪の性質によっては、保護処分よりも刑事裁判によって処罰する方が適当であると考えられ、検察官送致という審判が下されることがあります。

覚えておきたいターム
☑少年法　☑虞犯少年　☑触法少年　☑犯罪少年　☑特定少年
☑家庭裁判所　☑審判

罰を与えるのではなく更生させる

原理

基礎理論

心理的アセスメント

カウンセリング

心理療法

精神疾患

5 領域の心理学

84
ストレスチェック

解説

　ストレスチェックとは、労働者のストレス状態を調べる検査のことで、労働安全衛生法に基づき、毎年１回、常時使用する従業員が50人以上の事業場で実施を義務づけられています。ストレスチェックは精神疾患による休職や離職といった深刻な問題が生じる前に労働者が普段から自身のストレス状態を把握して対処し、事業者が職場ごとのストレス要因を定期的に点検し改善していくための取組みであり、労働者のメンタルヘルスの不調を未然に予防することを主な目的としています。ストレスチェック制度で事業場に生じる義務は、主にストレスチェックの実施とその結果に基づく医師の面

接指導です。ストレスチェックは産業医や保健師などが**実施者**となり、ストレスチェックの企画から実施、労働者本人への結果の通知を行います。ストレスチェックで**高ストレス者**となり、実施者が医師の面接指導が必要であると判断した従業員

には面接を推奨し、その本人から申し出があった場合は１ヶ月以内に医師による面接を行います。面接が実施された場合、事業者は医

師から意見を聴取し、労働時間の短縮や配置転換など、必要に応じて適切な措置を講じる義務があります。この流れの中で生じるストレスチェックの調査票の配布・回収や、調査結果の個人への通知といった事務作業は、人事権のない従業員が**実施事務従事者**として担当します。また、事業場はストレスチェックの結果を踏まえて**集団分析**を行い、その分析結果から組織体制や働き方を見直していくことが努力義務とされています。

ワンポイントレッスン

　ストレスチェックの調査票には「仕事のストレス要因」、「心身のストレス反応」、「周囲のサポート」の項目が含まれている必要があります。厚生労働省は職業性ストレス簡易調査票を推奨しています。**職業性ストレス簡易調査票**は57項目の質問に対して4段階の中から回答をします。高ストレス者の選定基準は、心身のストレス反応の評価点の高い人や心身のストレス反応の評価点が一定以上あり、かつ仕事のストレス要因と周囲のサポートに関する評価点の合計が著しく高い人とされています。また、集団分析を行う場合は仕事のストレス判定図を利用し、全国平均や業界平均との比較などによって問題の有無を把握します。

覚えておきたいターム
☑実施者　　☑高ストレス者　　☑実施事務従事者　　☑集団分析
☑職業性ストレス簡易調査票

ストレスチェックから職場環境の改善を

原理

基礎理論

心理的アセスメント

カウンセリング

心理療法

精神疾患

5 領域の心理学

85
EAP

　ＥＡＰ（Employee Assistance Program）とは、従業員やその家族に対してメンタルヘルスに関する総合的な援助を行うプログラムのことであり、「従業員支援プログラム」とよばれています。一次予防であるメンタルヘルスの不調の未然の防止、二次予防であるメンタルヘルスの不調の早期発見と対応、三次予防である従業員の職場復帰支援と不調の再発防止のすべてを含む支援であり、それぞれの段階における問題を解決することで従業員のパフォーマンスや企業の生産性を上げていくことを目的としています。

　ＥＡＰの主なプログラムには、カウンセリング、コンサルテーション、メンタルヘルス研修、危機介入があります。**カウンセリング**は従業員やその家族に対して、職場における悩みから子育てや介護の問題、メンタルヘルスの症状といった個人的な悩みまで専門家が相談に対応します。短期でのカウンセリングが基本であり、対面カウンセリングに限らず電話やメール、オンラインといった方法をとることができます。**コンサルテーション**は管理職や人事担当者を対象に相談を受けます。メンタルヘルスの問題を抱えている部下への声のかけ方を指導したり、専門機関への適切な勧め方の提案を行ったりします。**メンタルヘルス研修**はすべての従業員に対してメンタルヘルスの予防、不調の早期発見・解決のために必要な心理教育を実施します。メンタルヘルス以外にもハラスメント予防教育や職場の

コミュニケーションに関する内容など、企業や従業員のニーズに合わせた内容を柔軟に選択して実施します。**危機介入**は災害や重大な事故、組織構成員の死といった、従業員に強い影響を与える出来事が発生した場合に、その影響を緩和するための支援を行います。影響をヒアリング・分析した上で、生活上の注意点やストレス対処法についての取り組みを提案したりします。

ワンポイントレッスン

厚生労働省はメンタルヘルス対策推進のために4つのケアを定めています。4つのケアとは、労働者自身が自らのストレスに気づき、対処を行う「セルフケア」、管理監督者が従業員に対して行う「ラインによるケア」、産業医や保健師などの企業に所属するスタッフが従業員や管理監督者をサポートする「事業場内産業保健スタッフ等によるケア」、企業外の専門機関の支援を受ける「事業場外資源によるケア」のことです。EAPは組織内部で行うこともできますが、近年ではアウトソーシングによる外部EAPを利用して、**事業場外資源**によるケアを行う組織が増えています。外部EAPの利用には費用がかかりますが、組織内部では確保が難しい専門性の高い人材による支援が受けられることや、第三者の立場から中立的な支援を提供してもらえるというメリットがあります。

覚えておきたいターム
☑カウンセリング　☑コンサルテーション　☑メンタルヘルス研修
☑危機介入　☑事業場外資源によるケア

組織の生産性の鍵をにぎるのは従業員のメンタルヘルス

原理　基礎理論　心理的アセスメント　カウンセリング　心理療法　精神疾患

5 領域の心理学

参考文献

Chap.1　原理

飯島慶郎　『全人的医療とは何か：対人援助のための「生物・心理・社会モデル」』　Kindle 版　2015

氏原寛、亀口憲治、成田善弘、東山紘久、山中康裕 (編)　『心理臨床大辞典』　2004　培風館

小此木啓吾　『現代の精神分析　フロイトからフロイト以後へ』　2002　講談社学術文庫

河野哲也 (監訳)　『心を名づけること〈上〉─心理学の社会的構成』　2005　勁草書房

子安増生、丹野義彦、箱田裕司 (監)　『現代心理学辞典』　2021　有斐閣

サトウタツヤ、高砂美樹　『流れを読む心理学史』　2003　有斐閣アルマ

下山晴彦ら　『よくわかる臨床心理学　改訂新版』　2009　ミネルヴァ書房

下山晴彦、丹野義彦 (編)　『講座臨床心理学 3　異常心理学Ⅰ』　2002　東京大学出版会

下山晴彦、丹野義彦 (編)　『講座臨床心理学 3　異常心理学Ⅱ』　2002　東京大学出版会

丹野義彦ら　『臨床心理学』　2015　有斐閣

中島義明、安藤清志、子安増生他 (編)　『心理学辞典』　1999　有斐閣

武藤隆ら　『新版心理学』　2018　有斐閣

Chap.2　基礎理論

秋丸知貴 (2021)　ジークムント・フロイトの「喪の仕事」概念について：その問題点と可能性　グリーフケア　9 p.67-83.

阿部惠一郎 (訳)　『精神医学の歴史』　2007　白水社

井原成男　『ウィニコットと移行対象の発達心理学』　2009　福村出版

枝廣淳子　『レジリエンスとは何か：何があっても折れないこころ、暮らし、地域、社会をつくる』　2015　東洋経済新報社

大阪商工会議所 (編)　『メンタルヘルス・マネジメント検定試験公式テキスト　Ⅱ種ラインケアコース　第 4 版』　2017　中央経済社

小此木啓吾、馬場禮子　『新版　精神力動論』　1989　金子書房

鹿取廣人、杉本敏夫、鳥居修晃　『心理学 第 5 版』　2015　東京大学出版会

河合隼雄　『無意識の構造』　1977　中央公論新社

河合隼雄　『＜心理療法＞コレクションⅠ　ユング心理学入門』　2009　岩波書店

久保真人　『バーンアウトの心理学─燃え尽き症候群とは』　2004　サイエンス社

小林正弥　『ポジティブ心理学　科学的メンタル・ウェルネス入門』　2021　講談社

杉江征、青木佐奈枝　『スタンダード臨床心理学』　2015　サイエンス社

セリグマン, M. E. P. (著)、宇野カオリ (監訳)　『ポジティブ心理学の挑戦 "幸福" から "持続的幸福" へ』　2014　ディスカヴァー・トゥエンティワン

立木康介 (編)　『精神分析の名著─フロイトから土居健郎まで』　2012　中央公論新社

中島義明 (編)、繁桝算男 (編)、箱田裕司 (編)　『新・心理学の基礎知識』　2005　有斐閣

馬場禮子　『精神分析的人格理論の基礎　心理療法を始める前に』　2008　岩崎学術出版

藤田主一、古屋健など　『応用心理学ハンドブック』　2022　福村出版
松木光子　『ザ・ロイ適応看護モデル』　2010　医学書院

Chap.3　心理的アセスメント

Shneidman, E. S. (1949). Some Comparisons Among the Four Picture Test, Thematic Apperception Test, and Make A Picture Story Test. Rorschach research exchange and Journal of Projective Techniques, 13, 150-154.
安住ゆう子　『改訂新版子どもの発達が気になるときに読む心理検査入門：特性にあわせた支援のために』　2019　合同出版
一般財団法人日本心理研修センター　『公認心理師現任者講習会テキスト［改訂版］』　2019　金剛出版
願興寺礼子、吉住隆弘　『心理検査の実施の初歩』　2011　ナカニシヤ出版
黒田美保（著）、柘植雅義（監修）　『これからの発達障害のアセスメントー支援の一歩となるために』　2015　金子書房
公認心理師試験対策研究会　『公認心理師完全合格テキスト第2版』　2022　翔泳社
近藤卓　『パーソナリティと心理学ーコミュニケーションを深めるために』　2004　大修館書店
坂井剛、宮川純　『赤本　公認心理師　国試対策2022』　2021　講談社
下山晴彦　『臨床心理アセスメント入門　臨床心理学は、どのように問題を把握するのか』　2008　金剛出版
下山晴彦　『面白いほどよくわかる！臨床心理学』　2012　西東社
心理学専門校ファイブアカデミー　『2023年版　一発合格！公認心理師対策テキスト＆予想問題集』　2022　ナツメ社
中村紀子、野田昌道（監訳）『ロールシャッハの解釈』　2002　金剛出版
マックウィリアムズ, N.（著）、成田善弘（監訳）、湯野貴子、井上直子、山田恵美子（訳）『ケースの見方・考え方　精神分析的ケースフォーミュレーション』　2006　創元社

Chap.4　カウンセリング

植田寿之　『対人援助のスーパービジョンーよりよい援助関係を築くために』　2005　中央法規出版
梅田聡（2018）　共感の理論と脳内メカニズム　高次脳機能研究　38(2) p.133-138.
小此木啓吾（編）、北山修（編）ら　『精神分析事典』　2002　岩崎学術出版社
坂中正義（著、編）、田村隆一（著）、松本剛（著）、岡村達也（著）『傾聴の心理学　ＰＣＡを学ぶ　カウンセリング　フォーカシング　エンカウンター・グループ』　2017　創元社
櫻井茂男、葉山大地、鈴木高志、倉住友恵、萩原俊彦、鈴木みゆき、大内晶子、及川千都子（2011）　他者のポジティブ感情への共感的感情反応と向社会的行動、攻撃行動との関係　心理学研究　82(2) p. 123-131.
櫻井茂男、村上達也（2015）　共感性と社会的行動の関係についてー溝川・子安論文へのコメントー　心理学評論　58(3) p.372-378.
佐治守夫、岡村達也、保坂亨　『カウンセリングを学ぶ　第2版ー理論・体験・実習』

1996　東京大学出版会

杉原一昭 (監修)、渡邉映子 (編)、勝倉孝治 (編) 『はじめて学ぶ人の臨床心理学』
　2003　中央法規出版

津川律子、遠藤裕乃ら 『公認心理師の基礎と実践⑭　心理的アセスメント』 2019　遠
　見書房

中井久夫 『サリヴァン、アメリカの精神科医』 2013　みすず書房

西村多久麿、村上達也、櫻井茂男 (2015)　共感性を高める教育的介入プログラム—介護
　福祉系の専門学校生を対象とした効果検証—　教育心理学研究　63 p. 453-466.

日本福祉大学スーパービジョン研究センター (監)、大谷京子、山口みほ (編) 『スーパー
　ビジョンのはじめかた：これからバイザーになる人に必要なスキル』 2019　ミネル
　ヴァ書房

溝川藍、子安増生 (2015)　他者理解と共感性の発達　心理学評論　58(3) p.360-371.

森谷寛之 『臨床心理学　心の理解と援助のために』 2005　サイエンス社

Chap.5　心理療法

Gil, E. (1991) "The Healing Power of Play: Working with Abused Children". The
　Guilford Press

Kristin D. Neff (2011) "Self-Compassion, Self-Esteem, and Well-Being" Social and
　Personality Psychology Compass 5(1) p.1–12.

有光興記 (2014) セルフ・コンパッション尺度日本語版の作成と信頼性，妥当性の検討
　心理学研究　85(1), p.50-59.

飯塚まり (著、編)、井上一鷹 (著) ら 『進化するマインドフルネス：ウェルビーイング
　へと続く道』 2018　創元社

磯田雄二郎 『サイコドラマの理論と実践』 2013　誠信書房

一般社団法人日本認知・行動療法学会 (編) 『認知行動療法事典』 2019　丸善出版

伊藤絵美 『認知療法・認知行動療法カウンセリング初級ワークショップ：CBTカウンセ
　リング』 2005　星和書店

乾吉佑、氏原寛、亀口憲治、成田善弘、東山紘久、山中康裕 (編) 『心理療法ハンドブック』
　2005　創元社

ヴェルニ、K. (著)、中野信子 (監修、翻訳) 『図解　マインドフルネス』 2016　医道の
　日本社

岡田康伸 (編)、東山紘久 (編)、田畑治 (編) 『臨床心理学3　心理療法』 1992　創元社

クリスティン・ネフ、クリストファー・ガーマー (2019) (著)、富田拓郎 (監訳) 『マイ
　ンドフル・セルフ・コンパッション ワークブック』 星和書店

佐渡充洋、藤澤大介 『マインドフルネスを医学的にゼロから解説する本』 2018　日本
　医事新報社

下山晴彦 (著、監修)、熊野宏昭 (著)、鈴木伸一 (著) 『臨床心理フロンティアシリーズ
　認知行動療法入門』 2017　講談社

菅沼憲治 『セルフ・アサーション・トレーニング—エクササイズ集』 2008　東京図書

原田恵理子、渡辺弥生 (2011)　高校生を対象とする感情の認知に焦点をあてたソーシャ
　ルスキルトレーニングの効果　カウンセリング研究　44(2) p. 81-91.

久村正也 (1997)　自律訓練法　日本保健医療行動科学会年報　12 p.60-67.

平木典子、中釜洋子 『家族の心理―家族への理解を深めるために―』 2006 サイエンス社

平木典子 『アサーション入門―自分も相手も大切にする自己表現法』 2012 講談社

フェルプス, S. (著)、オースティン, N. (著)、園田雅代 (訳)、中釜洋子 (訳) 『アサーティブ・ウーマン―自分も相手も大切にする自己表現』 1995 誠信書房

宮川裕基、谷口淳一 (2018) セルフコンパッションが就職活動における不採用への対処に及ぼす影響の検討 社会心理学研究 33(3) p.103-114.

無藤隆、森敏昭、池上知子、福丸由佳 (編) 『やわらかアカデミズム・＜わかる＞シリーズ よくわかる心理学』 2009 ミネルヴァ書房

矢澤美香子 (編) 『基礎から学ぶ心理療法』 2018 ナカニシヤ出版

Chap.6　精神疾患

Linehan, M. M. (1993). "Cognitive-behavioral treatment of borderline personality disorder". Guilford Press

有園正俊 (著)、上島国利 (監) 『こころのクスリBOOKS よくわかる強迫症』 2017 主婦の友社

稲垣真澄 (編) 『特異的発達障害診断・治療のための実践ガイドライン―わかりやすい診断手順と支援の実際』 2010 診断と治療社

上島国利 (編著) 『現場で役立つ精神科薬物療法入門』 2005 金剛出版

内山登紀夫 (監修) 『家庭と保育園・幼稚園で知っておきたいＡＳＤ自閉スペクトラム症』 2020 ミネルヴァ書房

遠藤尚志 『失語症の理解とケア―個別リハビリから仲間作りのリハビリへ』 2011 雲母書房

岡本卓、和田秀樹 『依存症の科学 いちばん身近なこころの病』 2016 化学同人

オックマン, J. (著)、阿部惠一郎 (訳) 『精神医学の歴史』 (文庫クセジュ 912) 2007 白水社

加藤忠史 『脳科学ライブラリー1 脳と精神疾患』 2009 朝倉書店

蒲生裕司 『よくわかるギャンブル障害 本人のせいにしない回復・支援』 2017 星和書店

河野和彦 『ぜんぶわかる認知症の事典―4大認知症をわかりやすくビジュアル解説』 2016 成美堂出版

岸竜馬(2011) 弁証法的行動療法の有効性と問題点 立教大学臨床心理学研究 5 p.15-26.

公益社団法人日本心理学会 機関紙 心理学ワールド97号

厚生労働省 『精神保健医療福祉の現状』 2020

洲鎌盛一 『乳幼児の発達障害診療マニュアル- 健診の診かた・発達の促しかた』 2013 医学書院

高橋三郎、大野裕ら 『DSM-5 精神疾患の診断・統計マニュアル』 2014 医学書院

中村義行、大石史博 (編集) 『障害臨床学』 2005 ナカニシヤ出版

成田太一、小林 恵子 (2017) . 地域で生活する統合失調症患者のリカバリーの概念分析 日本地域看護学会誌 20(3) p.35-44.

長谷川和夫 『基礎から学ぶ介護シリーズ わかりやすい認知症の医学知識』 2011 中央法規出版

濱田秀伯 『精神症候学 第2版』 2009 弘文堂

ピネル, J.（著）、飛鳥井望ら（訳）『バイオサイコロジー　脳 心と行動の神経科学』
　2005　西村書店

藤井千代（2018）統合失調症のリカバリーを支える精神保健医療福祉政策を考える　精
　神保健研究 64 p.15-20.

福永浩司、矢吹悌、高畑伊吹、松尾和哉（2018）心的外傷後ストレス症候群（ＰＴＳＤ）
　の神経機序と治療戦略　日本薬理学雑誌 152(4) p.194-201.

山下格、大森哲郎　『精神医学ハンドブック[第8版] ― 医学・保健・福祉の基礎知識』
　2022　日本評論社

Chap.7　5領域の心理学

石口彰（監）、池田まさみ（編）『臨床心理学用語事典』 2008　オーム社

植田健太 『図解 ストレスチェック実施・活用ガイド』 2015　中央経済社

木本美際、岡本祐子（2007）母親の被養育態度が子どもへの養育態度に及ぼす影響　広
　島大学心理学研究 7 p.207-225.

金井篤子 『産業・組織心理学を学ぶ 心理職のためのエッセンシャルズ』 2019　北大
　路書房

川上憲人 『基礎からはじめる 職場のメンタルヘルス 改訂版－事例で学ぶ考え方と実践
　ポイント』 2021　大修館書店

小山文彦 『心理職のための産業保健入門』 2021　金剛出版

斎藤環 『社会的ひきこもり』 1998　ＰＨＰ研究所

下山晴彦、遠藤利彦ら 『誠信 心理学辞典』 2014　誠信書房

ジャパンＥＡＰシステムズ（編著）『ＥＡＰで会社が変わる！－人事部・管理職のための
　メンタルヘルス対策』 2005　税務研究会出版局

髙橋あすみ (2021) 大学における自殺予防教育の実践と実装のための課題　精神科治療
　学 36(8) p. 915-920.

認定ＮＰＯ法人エンパワメントかながわ (2017) デートＤＶ白書 Vol. 5　全国デートＤ
　Ｖ実態調査報告書

野島一彦、繁桝算男（監修）、野島一彦（編）『公認心理師の基礎と実践① 公認心理師
　の職責』 2018　遠見書房

福島哲夫（編集責任）、尾久裕紀他 『公認心理師必携テキスト 改訂第2版』 2020　学
　研メディカル秀潤社

松本真理子、永田雅子 『公認心理師基礎用語集 増補第3版』 2022　遠見書房

村尾泰弘 『新版 Ｑ＆Ａ 少年非行を知るための基礎知識 親・教師・公認心理師のた
　めのガイドブック』 2020　明石書店

森晃爾、Masi, D. A.、市川佳居、丸山崇 『企業のメンタルヘルスを強化するために－「従
　業員支援プログラム」（ＥＡＰ）の活用と実践』 2011　労働調査会

文部科学省 『チームとしての学校の在り方と今後の改善方策について』（答申） 2015

文部科学省 『義務教育の段階における普通教育に相当する教育の機会の確保等に関する
　法律（概要）』 2016

文部科学省 『令和3年度 児童生徒の問題行動・不登校等生徒指導上の諸課題に関する
　調査結果について』 2022

吉野聡 『早わかりストレスチェック制度』 2015　ダイヤモンド社

渡辺弥生 『感情の正体』 2019　筑摩書房

索引

監修者

渡辺弥生 (わたなべ やよい)

法政大学教授。教育学博士。専門は発達臨床心理学。筑波大学大学院博士課程で学び、筑波大学、静岡大学を経て現職。ハーバード大学、カリフォルニア大学サンタバーバラ校で客員研究員として「思いやりのメカニズム」や「学校危機予防」について学ぶ。最近は、いじめや不登校などを予防する社会情緒的能力の発達を研究すると同時に、このエビデンスをもとにソーシャルスキルや感情リテラシーを育てるプログラムを学校等に導入。ソーシャル・エモーショナル・ラーニングの考え方を推進している。著書には、『感情の正体』(単著、ちくま新書)、『子どもの「10歳の壁」とは何か?』(単著、光文社新書)、『ソーシャル・エモーショナル・ラーニング (SEL) 非認知能力を育てる教育フレームワーク』(共編著、福村出版) など多数。

原田恵理子 (はらだ えりこ)

東京情報大学教授。博士 (心理学)。専門は学校臨床心理学。法政大学大学院博士後期課程で学び、現職。これまでに中学校教員、SC、教育センター心理職等に従事し、「カウンセリング」「コンサルテーション」「心理教育」「発達支援」に力を入れる。最近は、ソーシャルスキル、レジリエンス、自尊感情等の育成を目指す SEL の実践と学校への定着に関して研究すると同時に、児童期から青年期までの不適応や心身の健康、発達支援への介入、地域・家庭・学校の連携において、心理教育を推進している。著書には、『高校生のためのソーシャルスキル教育』(単著、ナカニシヤ出版)、『最新生徒指導論改訂版』(編著 大学教育出版) など多数。

教養としての臨床心理学85

2024年5月30日　初版　第1刷発行

監修者	渡辺弥生・原田恵理子
発行者	湯川彰浩
発行所	株式会社デルタプラス
	〒107-0062
	東京都港区南青山2-2-15　ウィン青山1214号
	TEL　03-4446-2608
	FAX　03-5539-4838
	https://deltaplus.jp/
ブックデザイン	山之口正和（OKIKATA）
ＤＴＰ	hasega-design
イラスト	mayan
執筆協力	赤羽麻衣子・田邊寛子・橋本真友里・久松美稀・
	武藤かおり・横田悠季
印刷所	新星社西川印刷株式会社
製　本	株式会社新寿堂

ISBN 978-4-909865-04-5
© DELTA PLUS 2024
Printed in Japan